# N'oublions Jamais

PRIX : 2 fr 25

ÉDITION POPULAIRE
DE LUXE
30 PHOTOGRAVURE
DANS LE TEXTE

## Histoire illustrée des violences & atrocités

*commises par les officiers & soldats Allemands sur les Populations civiles des Régions envahies en France & en Belgique pendant la*

## GUERRE EUROPÉENNE DE 1914-15-16-17

D'APRÈS DES DOCUMENTS OFFICIELS

LE PROCES & L'ASSASSINAT à BRUXELLES
DE MISS EDITH CAVELL

PAX

DOCUMENTS HISTORIQUES
POLITIQUES & MILITAIRES

Ce livre a sa place dans toutes les familles. | Mémorandum des 31 Déclarations de Guerre. | 

ANDRÉ MARION



# GUERRE EUROPÉENNE

## DE 1914-15-16-17

HISTOIRE OFFICIELLE ET ILLUSTRÉE

## DES CRIMES ALLEMANDS

EN FRANCE ET EN BELGIQUE

Le procès et l'assassinat de MISS CAVELL

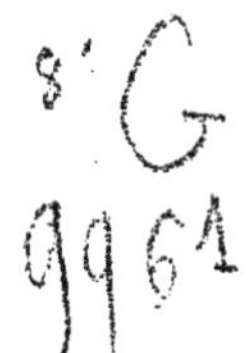



Pour tous renseignements, tarifs et conditions de vente au commerce,
Écrire à M. ANDRÉ MARION, 1, rue Paul-Thénard,
à DIJON (Côte-d'Or). — France.

*N. B. — Le prix de gros est accordé à partir d'une commande de 12 volumes.*

*Oui, c'est ici une nouvelle croisade, où nous devons mobiliser toutes nos forces. C'est la lutte de deux esprits, l'un qui prétend dominer ou absorber les consciences nationales, l'autre qui veut assurer le libre épanouissement des divers génies et pour qui la civilisation est l'œuvre collective des grands et des petits peuples.*

*A la fin, il en sera de ce rêve de dictature comme des autres rêves d'hégémonie.*

*Chaque année, l'Allemagne célèbre la fête de Sedan. Je demande que la France célèbre la mémorable journée du 4 août 1914, où fut scellé l'accord de tous ses enfants, et les rencontres immortelles de la Marne et de Verdun. La cathédrale de Reims, de ses bras sanglants, maudit à jamais le crime ! L'oubli serait une trahison. Mais non ! la France n'oubliera plus, elle ne peut oublier : à l'appel héroïque, ses morts se sont levés, ils sont debout, ils la regardent !*

*(M. Paul Deschanel, à la séance des cinq académies, le 25 octobre 1916.)*

# PRÉFACE

Si extraordinaire que la chose puisse paraître, il existe chez nous des gens qui déjà prêchent l'indulgence à l'égard de nos ennemis et rêvent tout haut de réconciliation et de facile pardon. Oublier ainsi la cruelle leçon des événements, quelle ingratitude envers nos héros, quelle coupable imprudence à l'égard des générations futures ! Inconcevable lâcheté ou naïve chimère, quel que soit le nom du sentiment auquel obéissent ces singuliers Français, dans les circonstances actuelles, nous le considérons comme un crime.

Devons-nous, pourrions-nous, si tôt, perdre le souvenir de nos enfants, nos frères, nos parents et amis odieusement massacrés, dépouillés, réduits en esclavage? Non ! Aussi, avons-nous voulu, par ce livre, marquer en traits saisissants, les caractéristiques de la méthode allemande. La lecture des faits qui en constituent la trame apprendra aux jeunes Français à connaître la mentalité de l'ennemi que leurs aînés ont eu à maîtriser pendant la Grande Guerre.

En ce 1er juin 1917, il ne sera pas inutile de reporter nos regards trois années en arrière, au 2 août 1914. La France et ses Alliés avaient fait de vains efforts pour conjurer la guerre : des documents irréfutables, publiés par les puissances de l'Entente, démontrent péremptoirement que l'Allemagne la leur a imposée. Le geste a même devancé les paroles, car la déclaration de guerre n'était pas encore notifiée à notre gouvernement, que les armées allemandes avaient déjà violé la neutralité du Luxembourg et envahi notre sol; nos troupes, au contraire, étaient retenues par ordre, à 10 kilomètres de la frontière.

Puis ce fut la ruée sur l'infortunée Belgique, dont la glorieuse armée, sous le commandement de son grand roi, Albert Ier, leur opposa une sublime résistance. La force, hélas ! l'emporta sur le droit, et, continuant leur marche victorieuse, les Allemands refoulèrent nos troupes qui s'étaient portées au-devant d'eux en territoire belge. Alors, commença la retraite des armées françaises. Le 5 septembre 1914, les ennemis n'étaient plus qu'à deux jours de marche de la capitale. Le généralissime Joffre (1), jugeant le moment venu de faire face à l'envahisseur, donna l'héroïque, la suprême consigne : « *Toute troupe qui ne pourra plus avancer, devra se faire tuer sur place plutôt que de reculer.* » Et la gigantesque bataille s'engagea, bataille de l'Ourcq suivie de celle de la Marne, du 5 au 11 septembre. Vaincues sur tout le front, démoralisées, les armées allemandes battirent, précipitamment en retraite : la France, l'Europe étaient sauvées.

Depuis, de la mer du Nord à la frontière suisse, l'ennemi s'est terré dans d'interminables tranchées devant lesquelles se dressent des millions de poitrines françaises et anglaises.

Au cours de ces trois années, la France et ses alliés ont réparé, en pleine guerre, leurs erreurs du temps de paix. Ayant conçu et exécuté méthodiquement un plan gigantesque d'armement, nous recueillons aujourd'hui les fruits de notre

(1) Le général Joffre a été promu maréchal de France.

effort. De leur côté, l'Angleterre, la Russie et l'Italie se sont surpassées, elles ont créé d'innombrables légions de combattants parfaitement entraînés et équipés selon les exigences de la guerre moderne. La puissance des Alliés en artillerie de tous calibres, en fusils, en mitrailleuses, en munitions est, dès maintenant, supérieure à celle de nos ennemis.

L'offensive générale concertée par les états-majors alliés se déclanchera fatalement quelque jour, et alors la grande poussée irrésistible boutera l'ennemi hors de notre territoire.

A ce moment seulement, nous pourrons accueillir la paix, car elle sera la Paix des Alliés, celle qui abattra pour jamais la morgue des Hohenzollern et des Habsbourg, la Paix qui fera triompher le Droit et la Justice, la Paix, enfin, aurore de cette ère nouvelle, où l'humanité sera pour toujours à l'abri de l'effroyable calamité qui dévaste aujourd'hui le monde.

Au seuil de cette quatrième année qui verra, nous l'espérons, se réaliser ces grandes choses, il convient, n'est-il pas vrai, de saluer, et ceux qui par leurs souffrances en ont été les premiers artisans, et ceux qui, chaque jour, travaillent à leur réalisation.

Morts glorieux tombés sur tous les champs de bataille, de terre et de mer, votre sublime sacrifice n'aura pas été vain. Nous nous associons à la douleur de ceux qui vous pleurent et dont votre héroïsme est la fière consolation.

Innocentes victimes de la barbarie allemande, vieillards, femmes, enfants massacrés par des barbares, le cri de vengeance qui s'élève de vos tombeaux sera entendu !

Malheureuses populations piétinées par l'envahisseur, qui avez vu vos maisons dévastées, vos biens saccagés ou incendiés, qui êtes revenues, dépouillées parmi nous, ou qui continuez à souffrir sous le joug, prenez patience, la délivrance approche.

Glorieux mutilés, honneur à vous ! Que la reconnaissance de tous les peuples vous fasse oublier les jours douloureux.

Honneur aussi à tous, chefs et soldats de toutes les armées, les vainqueurs de demain, qui combattent vaillamment sur l'immense front.

Gloire encore à nos intrépides aviateurs dont l'audace, la bravoure et le sacrifice ne connaissent pas de bornes !

Que nos médecins-majors ainsi que tout le personnel médical, pharmaciens, infirmiers et infirmières de nos formations sanitaires reçoivent l'hommage de notre gratitude : les premiers par leur science éclairée, les autres par leurs soins inlassables et dévoués ont guéri ou soulagé les souffrances de nos chers blessés et malades.

Félicitons aussi, sans réserve, nos courageux conducteurs automobilistes de l'avant. Au mépris des plus dures fatigues et des pires dangers, les uns ont assuré à nos armées le ravitaillement en vivres, en matériel et en munitions; les autres, dans les convois sanitaires, ont transporté rapidement nos blessés vers les ambulances, pour eux havres de paix et de salut.

Gardons-nous d'oublier les officiers techniques dirigeants et les ouvriers de toutes professions des parcs de réparations de l'arrière, et enfin les milliers d'ouvriers et ouvrières de nos fabriques de matériel et de munitions : tous, par leur dévouement au travail, auront contribué à sauver la Patrie en danger.

Que les citoyens français ou alliés qui, en ces heures tragiques, n'ont pas fait tout leur devoir de bons patriotes, en soient châtiés par la conscience de leur déshonorante lâcheté !

Qu'il nous soit encore permis d'adresser ici un juste hommage de reconnaissance à nos chers amis Suisses. Depuis le début de la grande guerre, le peuple suisse n'a pas cessé de nous manifester ses sympathies. Personne chez nous n'oubliera de quelle délicate et hospitalière façon nos grands blessés rapatriés d'Allemagne, nos populations des pays envahis, ont été accueillis à leur passage. L'Œuvre Internationale des Prisonniers de Guerre a été fondée par un Genevois, M. le Conseiller d'Etat Ador. Cette belle œuvre, à laquelle un millier de personnes consacrent généreusement leur temps et leurs efforts, a rendu d'immenses services; par elle, d'innombrables familles ont été rassurées et renseignées. Tout dernièrement encore, le Gouvernement Fédéral n'a-t-il pas dû créer, sur son territoire, de vastes maisons de convalescence où sont hospitalisés les prisonniers mutilés et malades.

Il est juste de reconnaître les services rendus à la France par le Gouvernement Espagnol. A la rupture de nos relations diplomatiques avec l'Allemagne, c'est à lui que furent confiés les intérêts de nos nationaux en Allemagne, tâche délicate s'il en fut. Sa Majesté Alphonse XIII est maintes fois intervenue personnellement auprès du kaiser, pour faire aboutir nos demandes. L'amélioration du sort honteux imposé à nos malheureux prisonniers lui est due, de même que la suppression des camps dits de représailles, véritables bagnes. Le rapatriement dans leurs localités des vieillards, des femmes, des jeunes filles des départements du Nord, déportés par les Allemands en avril 1916, est encore son œuvre. Tous, Français et Alliés, garderont la plus vive reconnaissance au roi d'Espagne, pour l'immense bonté qu'il n'a cessé de témoigner à l'égard des éprouvés de la guerre.

Louons aussi les efforts continuels que Sa Sainteté le pape Benoît XV a faits auprès des autorités allemandes pour soulager les infortunes dues au cruel conflit; ils lui acquièrent la gratitude de tous les peuples de l'Entente.

Notre cœur conservera fidèlement le souvenir de tous ceux qui, dans ces tragiques circonstances, nous ont apporté le réconfort de leur sympathie agissante. Notre mémoire n'oubliera jamais le nom de celui qui a déchaîné sur le monde un tel fléau, Guillaume II. Envisageant aujourd'hui le spectre de la défaite et du châtiment, le kaiser n'a plus le courage de revendiquer sa liberté; il la nie, au contraire. er

Il y a plusieurs mois déjà, devant le charni

où gisaient, dans la boue et le sang, ses meilleurs soldats, il eut ce cri : « Dieu m'est témoin que je n'ai pas voulu cela ! » Il vient de le répéter, avec à peine une variante dans la forme, à une personnalité neutre qu'il reçut à Berlin, entre deux courses du front occidental au front oriental. Il a osé dire qu'il n'enviait pas « l'homme qui a sur la conscience la responsabilité de cette guerre », et il a ajouté, menteur et fourbe jusqu'au bout : « Je ne suis pas cet homme. » Ce n'est pas lui qui a préparé la guerre depuis plus d'un quart de siècle; ce n'est pas lui qui avait tout prévu et tout disposé pour l'écrasement foudroyant de la France d'abord, de la Russie ensuite, pour l'asservissement de l'Europe; ce n'est pas lui qui concentrait ses troupes quand on recherchait encore à Paris, à Londres et à Pétrograd des formules de paix et de conciliation; ce n'est pas lui, enfin, qui a violé la neutralité du Luxembourg et de la Belgique, déchiré les traités, ces « chiffons de papier », au bas desquels se trouvait sa signature... Et la guerre elle-même, si elle est telle que nous la voyons se développer depuis trois ans, ce n'est pas lui qui la voulut ainsi. Les plus abominables procédés de terrorisme, les gaz asphyxiants, les forfaits de la piraterie sous-marine, les paisibles populations des régions du nord réduites en esclavage, le vol et la rapine, tout ce par quoi de longs mois durant les troupes impériales ont déshonoré la guerre, ce n'est pas lui qui l'a voulu — et il ose espérer que l'Histoire le justifiera de ce « soupçon » !

L'Histoire, impartiale, mettra à nu l'âme de celui qu'on a qualifié de « cabotin sinistre », d' « histrion couronné »; elle s'étonnera qu'on ait pu croire, pendant de longues années, aux sentiments humanitaires dont il se targue. Quand il proclame avec des trémolos de comédien, « devant Dieu et devant les hommes », sa générosité, sa pitié, il joue un rôle conforme à l'intérêt de son empire, comme il en jouait un autre également profitable à l'Allemagne, en tendant à tout propos son menaçant poing ganté de fer. Les faits sont là, qui condamnent tout autre interprétation de son cœur.

Quoi qu'il fasse, Guillaume II restera dans l'histoire celui qui refusa de s'associer à l'Europe contre le massacre des Arméniens et qui reçut du sultan rouge, pour prix de son abstention, soixante millions de commandes pour ses usines.

A Athènes, ne faillit-il pas faire bombarder le palais de sa sœur, parce qu'il avait prêté à la Grèce et ne pouvait recouvrer ses créances? Et lors de l'expédition de Chine, au départ de ses soldats, ne les invita-t-il pas à imiter les Huns, qui, sous leur roi Etzel ou Attila, se rendirent fameux? « Puisse le nom de l'Allemagne, leur dit-il, s'imprimer si vigoureusement en Chine que, d'ici mille ans, pas un Chinois n'ose même regarder de travers un Allemand... Souvenez-vous, quand vous rencontrerez l'ennemi, qu'il ne faut faire quartier à personne, que vous ne devez point faire de prisonniers. » Enfin, parlant aux recrues de Potsdam en 1891 et à celles de Berlin en 1893, il s'écriait : « Vous tous devez avoir une seule volonté, et c'est la Mienne... Il est possible qu'en ces temps de menées socialistes, je vous ordonne de tirer sur vos proches, vos père et mère, sachez que même alors ce sont Mes ordres qu'il faudra exécuter sans murmure. » Tel est Guillaume II peint par lui-même.

Oui, il a voulu cette guerre, et son peuple avec lui. Il faut que le châtiment qui l'attend soit proportionné aux crimes commis. Souhaitons-le proche puisque c'est la victoire qui en marquera l'heure.

Cette victoire, dans un message qu'il adressait le 14 juillet 1916 aux Armées françaises, M. le Président de la République ne craignait pas d'affirmer à nos héroïques soldats que si de grands sacrifices restaient encore à faire, elle n'en viendra pas moins, il en a la certitude, couronner leur vaillance.

Donc, Français et Alliés, haut les cœurs ! Faisons confiance à nos vaillantes armées et aux grands chefs qui les dirigent; aux hommes d'Etat éminents qui assument, dans une période si difficile, les lourdes charges du pouvoir et des destinées de leurs peuples. Que chacun de nous apporte sa contribution à l'effort commun : la Victoire est à ce prix.

C'est en appelant la bénédiction du Tout-Puissant sur les armées alliées que nous crions : « Sus aux barbares ! Vive la France ! Vivent ses Alliés ! N'oublions jamais ! ! ! »

André Marion.

*Fait aux armées, le 1er juin 1917.*

# GUERRE EUROPÉENNE 1914-15-16-17

# LES CRIMES ALLEMANDS EN FRANCE

## Rapport de la Commission d'enquête instituée par le gouvernement français.

*Par décret en date du 23 septembre 1914, une commission fut instituée en vue de constater les actes commis par l'ennemi en violation du droit des gens. Cette commission composée de* MM. GEORGES PAYELLE, *premier président de la Cour des comptes;* ARMAND MOLLARD, *ministre plénipotentiaire;* GEORGES MARINGER, *conseiller d'Etat, et* EDMOND PAILLOT, *conseiller à la Cour de cassation, vient de présenter son rapport à M. Viviani, président du conseil.*

*En voici le début :*

Monsieur le Président du conseil,

Chargés, en vertu d'un décret du 23 septembre dernier, d'aller procéder sur place à une enquête, relativement aux actes commis en violation du droit des gens, dans les parties du territoire français que l'ennemi a occupées, et qui ont été reconquises par les armées de la République, nous avons l'honneur de vous rendre compte des premiers résultats de notre mission.

Nous vous apportons déjà, monsieur le président, une ample moisson de renseignements. Elle ne comprend, cependant, qu'une part assez restreinte des constatations que nous aurions pu faire, si nous n'avions soumis à une critique sévère et à un contrôle rigoureux chacun des éléments d'information qui se sont présentés à notre examen. Nous n'avons cru devoir, en effet, retenir que les faits qui, irréfragablement établis, constituaient d'une façon certaine des abus criminels nettement caractérisés, négligeant ceux dont les preuves étaient insuffisantes à nos yeux, ou qui, si dommageables ou si cruels qu'ils fussent, pouvaient avoir été la conséquence d'actes de guerre proprement dits, plutôt que d'excès volontaires, imputables à l'ennemi.

Dans ces conditions, nous avons la ferme assurance qu'aucun des incidents dont nous avons fait état ne saurait être discuté de bonne foi. La preuve de chacun d'eux, d'ailleurs, ne résulte pas seulement de nos observations personnelles; elle se fonde principalement sur des documents photographiques et sur de nombreux témoignages reçus en la forme judiciaire, avec la garantie du serment.

La tâche à laquelle nous nous sommes appliqués tous les quatre, dans une étroite communauté d'impressions et de sentiments, nous a paru souvent pénible, devant les spectacles lamentables que nous avons eus sous les yeux. Elle eût été vraiment trop douloureuse, si nous n'avions trouvé un puissant réconfort dans la vue des troupes merveilleuses que nous avons rencontrées sur le front, dans l'accueil des chefs militaires, dont le bienveillant concours ne nous a jamais fait défaut, et dans l'aspect des populations admirables qui supportent avec la résignation la plus digne des calamités sans précédent. Dans les régions que nous avons traversées, et notamment dans ce pays de Lorraine qui fut si fréquemment victime des fléaux de la guerre, nous n'avons entendu ni une sollicitation, ni une plainte; et pourtant, les misères affreuses dont nous avons été les témoins dépassent en étendue et en horreur ce que l'imagination peut concevoir. De tous côtés, le regard se pose sur des décombres : des villages entiers ont été détruits par la canonnade ou par le feu; des villes autrefois pleines de vie ne sont plus que des déserts remplis de ruines, et quand on visite les lieux désolés où la torche de l'envahisseur a fait son œuvre, on a continuellement l'illusion de marcher parmi les vestiges d'une de ces cités antiques que les grands cataclysmes de la nature ont anéanties.

On peut dire, en effet, que jamais une guerre entre nations civilisées n'a eu le caractère sauvage et féroce de celle qui est en ce moment portée sur notre sol par un adversaire implacable. Le pillage, le viol, l'incendie et le meurtre sont de pratique courante chez nos ennemis et les faits qui nous ont été journellement révélés, en même temps qu'ils constituent de véritables crimes de droit commun, punis par les codes de tous les pays des peines les plus sévères et les plus infamantes, accusent dans la mentalité allemande, depuis 1870, une étonnante régression.

Les attentats contre les femmes et les jeunes filles ont été d'une fréquence inouïe. Nous en avons établi un grand nombre, qui ne représente qu'une quantité infime auprès de ceux que nous aurions pu relever; mais, par un sentiment très respectable, les victimes de ces actes odieux se refusent généralement à les révéler. Il en aurait été moins commis, sans doute, si les chefs d'une armée dont la discipline est des plus rigoureuses s'étaient inquiétés de les prévenir; on peut toutefois, à la rigueur, ne les considérer que comme les actes individuels et spontanés de brutes déchaînées, mais il n'en est pas de même de l'incendie, du vol et de l'assassinat; le commandement, jusque dans ses personnifications les plus hautes, en portera, devant l'humanité, la responsabilité écrasante.

Dans la plupart des endroits où nous avons fait notre enquête, nous avons pu nous rendre compte que l'armée allemande professe, d'une façon constante, le mépris le plus complet de la vie humaine, que ses soldats et même ses chefs ne se font pas faute d'achever les blessés, qu'ils tuent sans pitié les habitants inoffensifs des territoires qu'ils envahissent, et qu'ils n'épargnent, dans leur rage homicide, ni les femmes, ni les vieillards, ni les enfants. Les fusillades de Lunéville, de Gerbéviller, de Nomény et de Senlis en sont des exemples terrifiants; et vous lirez, au cours de ce rapport, le récit de scènes de carnage auxquelles des officiers eux-mêmes n'ont pas eu honte de prendre part.

L'esprit se refuse à croire que toutes ces tueries aient eu lieu sans raison. Il en est pourtant ainsi. Les Allemands, il est vrai, en ont toujours donné le même prétexte, en prétendant que des civils avaient commencé à tirer sur eux.

Cette allégation est mensongère, et ceux qui l'ont produite ont été impuissants à la rendre vraisemblable, même en tirant des coups de fusil dans le voisinage des habitations, comme ils ont l'habitude de le faire pour pouvoir affirmer qu'ils ont été attaqués par les populations innocentes dont ils ont résolu la ruine ou le massacre. Nous en avons maintes fois recueilli les preuves; en voici une, entre bien d'autres : un soir, une détonation ayant retenti pendant que M. l'abbé Colin, curé de Croismare, se trouvait auprès d'un officier, celui-ci s'écria : « Monsieur le curé, en voilà assez pour vous faire fusiller ainsi que le bourgmestre, et pour faire brûler une ferme. Tenez, en voici une qui brûle. — Monsieur l'officier, répondit le prêtre, vous êtes trop intelligent pour ne pas reconnaître le bruit sec de votre fusil. Pour moi, je le reconnais. » L'Allemand n'insista pas.

De même que la vie humaine, la liberté des gens est, de la part de l'autorité militaire allemande, l'objet d'un absolu dédain. Presque partout, des citoyens de tout âge ont été arrachés à leurs foyers et emmenés en captivité. Beaucoup sont morts ou ont été tués en route.

Plus encore que le meurtre, l'incendie est un des procédés usuels de nos adversaires. Il est couramment employé par eux, soit comme élément de dévastation systématique, soit comme moyen d'intimidation. L'armée allemande, pour y pourvoir, possède un véritable matériel, qui comprend des torches, des grenades, des fusées, des pompes à pétrole, des baguettes de matière fusante, enfin des sachets contenant des pastilles composées d'une poudre comprimée très inflammable. Sa fureur incendiaire s'affirme principalement contre les églises et contre les monuments qui présentent un intérêt d'art ou de souvenir.

Dans les départements que nous avons parcouru, des milliers de maisons ont été brûlées; mais nous n'avons constaté par nos procès-verbaux d'enquête que les incendies allumés dans une intention exclusivement criminelle, et nous n'avons pas cru devoir mentionner ceux qui, comme à Villotte-devant-Louppy, à Rembercourt, à Mognéville, à Amblaincourt, à Pretz, à Louppy-le-Château, etc., ont été occasionnés par les obus, au cours de combats violents, ou sont dus à des causes qu'il n'a pas été possible de déterminer d'une façon tout à fait certaine. Les quelques habitants qui sont restés au milieu des ruines nous ont fait, d'ailleurs, à cet égard, des déclarations pleines de loyauté.

En ce qui concerne le vol, nos constatations ont été incessantes, et nous n'hésitons pas à dire que partout où une troupe ennemie a passé elle s'est livrée, en présence de ses chefs, et souvent même avec leur participation, à un pillage méthodiquement organisé. Les caves ont été vidées jusqu'à la dernière bouteille, des coffres-forts ont été éventrés, des sommes considérables ont été dérobées ou extorquées; une grande quantité d'argenterie et de bijoux, ainsi que des tableaux, des meubles, des objets d'art, du linge, des bicyclettes, des robes de femme, des machines à coudre, et jusqu'à des jouets d'enfants, après avoir été enlevés, ont été placés sur des voitures, pour être dirigés vers la frontière.

Contre toutes les exactions, de même que contre tous les crimes, il n'y avait aucun recours; et si quelque malheureux habitant osait supplier un officier de vouloir bien intervenir pour épargner une vie ou pour protéger des biens, il ne recevait d'autre réponse, quand il n'était pas accueilli par des menaces, qu'une invariable formule, accompagnée d'un sourire, et mettant sur le compte des fatalités inévitables de la guerre les abominations les plus cruelles

## PREMIERE PARTIE

# Histoire officielle et illustrée des violences et atrocités commises en France par les officiers et soldats des armées allemandes.

### SEINE-ET-MARNE

Ainsi que vous l'a appris déjà la lecture des procès-verbaux dont nous vous avons remis antérieurement des copies, c'est dans le département de Seine-et-Marne que nous nous sommes transportés en premier lieu. Nous y avons recueilli, à la charge de l'armée ennemie, les preuves de nombreux abus des droits de la guerre et de crimes de droit commun dont certains présentent un caractère de gravité considérable.

A Chaucouin, les Allemands ont mis le feu à cinq maisons d'habitation et à six bâtiments d'exploitation agricole, à l'aide de grenades qu'ils jetaient sur les toits, et de bâtons de résine qu'ils plaçaient sous les portes. Au sieur Lagrange, qui lui demandait la raison de pareils actes, un officier répondit simplement : « C'est la guerre »; puis il enjoignit à cet homme de lui indiquer l'emplacement d'une propriété connue sous le nom de ferme Proffit. Quelques instants après, les bâtiments de cette ferme étaient en flammes.

**A May-en-Multien, des soldats allemands en train de boire dans une auberge, tuent, sans motif, la femme du tenancier, pendant que celui-ci était allé leur tirer du vin.**

A Congis, une troupe ennemie s'apprêtait à brûler une vingtaine de maisons dans lesquelles elle avait jeté de la paille et répandu du pétrole, quand l'arrivée d'un détachement français l'empêcha d'exécuter ce projet.

A Penchard, où trois maisons ont été incendiées, la dame Marius René a vu un soldat muni d'une torche qui, engagée dans son ceinturon, paraissait faire partie de son fourniment.

A Barcy, un officier et un soldat ont pénétré dans la mairie et, après avoir pris toutes les couvertures de l'instituteur, ont mis le feu à la salle des archives.

A Douy-la-Ramée, les Allemands ont incendié un moulin sur la situation duquel ils avaient demandé des renseignements dans les environs. Un ouvrier, âgé de soixante-dix ans, faillit être précipité dans le brasier. En se débattant violemment et en se cramponnant à un mur, il put éviter le sort dont il était menacé. Enfin, à Courtacon, l'ennemi, après avoir exigé que les habitants lui fournissent des allumettes et des fagots, a arrosé de pétrole un grand nombre de maisons et allumé l'incendie. Le village, dont une grande partie est en ruines, présente un aspect lamentable.

A côté de ces attentats contre les propriétés, nous avons eu à relever, en Seine-et-Marne, plusieurs actes graves contre les personnes.

Au commencement de septembre, un cavalier allemand se présenta un jour, vers cinq heures de l'après-midi, chez le sieur Laforest, à May-en-Multien, et lui demanda à boire. Celui-ci s'empressa d'aller tirer du vin à son tonneau, mais le soldat, mécontent sans doute de n'être pas servi assez vite, déchargea son fusil sur la femme de son hôte, qui fut grièvement blessée. Conduite à Lizy-sur-Ourcq, Mme Laforest y reçut les soins d'un médecin allemand et dut subir l'amputation du bras gauche. Elle est morte récemment à l'hôpital de Meaux.

## Assassinat d'un vieillard.

Le 8 septembre, dix-huit habitants de Varreddes, parmi lesquels se trouvait le curé, ont été arrêtés sans motif et emmenés par l'ennemi. Trois d'entre eux ont pu s'évader. Aucun des autres n'était encore revenu le 30 septembre, jour de notre transport. D'après les renseignements recueillis, trois de ces hommes auraient été massacrés. En tout cas, la mort de l'un des plus âgés, le sieur Jourdain, vieillard de soixante-treize ans, est certaine. Traîné jusqu'au village de Coulombs et ne pouvant plus marcher, le malheureux fut frappé d'un coup de baïonnette au front et d'un coup de revolver au cœur.

A Mary-sur-Marne, le sieur Mathe, effrayé par l'arrivée des troupes allemandes, alla se dissimuler sous son comptoir. Découvert dans sa cachette, il fut tué à coups de baïonnette.

Vers la même époque, un homme de soixante-six ans, nommé Dalissier, et demeurant à Congis, a été sommé par des Allemands de leur remettre son porte-monnaie. Comme il ne pouvait donner d'argent, il fut ligoté avec une longe à bestiaux et impitoyablement fusillé. On a constaté sur son cadavre les traces d'une quinzaine de balles.

Le 3 septembre, à Mary-sur-Marne, le sieur Mathe, effrayé par l'arrivée des troupes allemandes, alla se dissimuler sous le comptoir d'un débit de boissons. Découvert dans sa cachette, il fut tué d'un coup de couteau ou de baïonnette à la poitrine.

A Sancy-les-Provins, le 6 septembre, vers

neuf heures du soir, quatre-vingt personnes environ furent arbitrairement arrêtées et enfermées dans une bergerie. Le lendemain, sur l'ordre d'un officier, on en conduisit une trentaine à 5 kilomètres du village, à la grange de Pierrelez, où était installée une ambulance de la Croix-Rouge allemande. Là, un médecin-major ayant adressé quelques paroles à ses blessés, ceux-ci chargèrent aussitôt quatre fusils et deux revolvers, dans une intention qui n'était pas douteuse; d'ailleurs, un hussard français, blessé au bras et prisonnier, dit au prêtre, en lui demandant l'absolution : « Je vais être fusillé, puis ce sera votre tour. » Après avoir déféré au désir de ce soldat, le curé, déboutonnant sa soutane, alla se placer entre le maire et un autre de ses concitoyens, contre le mur le long duquel étaient alignés les otages : mais à ce moment survinrent tout à coup deux chasseurs à cheval de l'armée française, et les médecins, avec le personnel de leur ambulance, se rendirent à ces cavaliers, auprès desquels le hussard avait couru se ranger.

## La responsabilité du haut commandement.

Pour démontrer dans cette affaire la responsabilité du haut commandement, il est intéressant de mentionner que l'instituteur de Sancy, alors qu'on allait l'emmener avec les autres, avait obtenu du général von Dutag, qui était logé chez lui, la faveur d'être laissé en liberté.

Le 6 du même mois, après avoir incendié une partie des maisons de Courtacon, une troupe qu'on croit appartenir à la garde impériale, emmena cinq hommes et un enfant de treize ans au milieu des champs, et, pendant toute la durée d'un engagement, les exposa au feu des Français. Sur le territoire de la même commune, un conscrit de la classe 1914, Edmond Rousseau, qui avait été arrêté pour l'unique motif que son âge le désignait comme devant être appelé prochainement sous les drapeaux, fut assassiné dans des conditions tragiques.

Interrogé sur la situation de ce jeune homme, au point de vue militaire, le maire, qui se trouvait au nombre des otages, répondit que Rousseau avait passé au conseil de révision et qu'il avait été reconnu bon pour le service, mais que sa classe n'était pas encore appelée. Les Allemands firent alors déshabiller le prisonnier, pour se rendre compte de son état physique, puis ils lui remirent son pantalon et le fusillèrent à 50 mètres de ses compatriotes.

La ville de Coulommiers a été amplement pillée. De l'argenterie, du linge, des chaussures ont été enlevés, principalement dans les maisons abandonnées, et de nombreuses bicyclettes ont été chargées sur des camions automobiles. L'occupation a duré du 5 au 7 septembre. La veille de leur départ, les Allemands ont arrêté, sans aucun motif, le maire et le procureur de la République, qu'un officier a grossièrement insultés. Les deux magistrats ont été retenus jusqu'au lendemain matin avec le secrétaire de la mairie. Auprès du procureur furent placés pendant la nuit des gardiens qui s'évertuèrent à lui persuader, par des propos échangés entre eux, que son exécution était imminente.

On est également persuadé, à Coulommiers, que plusieurs femmes de la ville ont été l'objet d'entreprises criminelles, mais un seul attentat de ce genre a été établi de manière certaine. Une femme de ménage, la dame X..., en a été la victime. Un soldat s'étant présenté chez elle le 6 septembre, vers neuf heures et demie du soir, a éloigné le mari en lui demandant d'aller chercher dans la rue un de ses camarades; puis, malgré la présence de deux petits enfants, il a essayé de violenter la jeune femme. En entendant les cris de celle-ci, X... rentra précipitamment, mais il fut poussé à coups de crosse dans une chambre contiguë, dont la porte resta ouverte, et sa femme dut subir les derniers outrages. Le viol fut consommé presque sous les yeux du mari qui, terrorisé, n'osait intervenir et s'efforçait seulement de calmer la frayeur de ses enfants.

La dame X..., à Sancy-les-Provins, et la dame Z..., à Beton-Bazoches, ont été également l'objet de pareilles violences. La première, le revolver sous la gorge, a dû se soumettre aux volontés d'un soldat; la seconde, malgré sa résistance, a été jetée sur un lit et outragée en présence de sa fillette, âgée de trois ans. Les maris de ces deux femmes sont mobilisés depuis le commencement de la guerre.

Le 6 septembre, à Guérard, où deux ouvriers, les nommés Maitrier et Didelot, ont été tués aux avant-postes, l'ennemi s'est emparé de six otages. Un seul a pu s'échapper et revenir dans le pays.

A Mauperthuis, le même jour, quatre Allemands, qui étaient déjà venus dans la matinée chez le sieur Roger, s'y présentèrent de nouveau, à deux heures de l'après-midi. « Vous étiez trois ce matin, vous n'êtes plus que deux, sortez ! » dit l'un d'eux. Immédiatement, Roger et un émigré, le sieur Denet, auquel il donnait l'hospitalité, furent saisis et emmenés. Le lendemain, à une extrémité du village, la dame Roger trouva le corps de son mari percé de deux balles. Denet avait été, lui aussi, fusillé. Son cadavre fut découvert, quelque temps après, dans un état de décomposition tel qu'on ne put faire le relevé des blessures que le malheureux avait reçues.

Dans une dépendance de la même commune, le gardien de la ferme de Champ-Brisset, le sieur Fournier, fut arrêté avec un citoyen suisse nommé Knell. Les Allemands les conduisirent tous deux sur un camion jusqu'à Vaudoy et les massacrèrent. Un habitant de Voinsles, nommé Cartier, subit le même sort. Passant à bicyclette sur une route, à peu de distance de Vaudoy, il fut arrêté par des Allemands qui palpèrent sa musette, dans laquelle était placé un revolver. Cartier, sans aucune résistance, leur remit de lui-même son arme. On lui banda les yeux, et on le fusilla séance tenante.

## Deux hommes massacrés.

Le 8 septembre, à Sablonnières, où le pillage fut général, le sieur Delaître, ayant quitté sa maison pendant la bataille, pour se réfugier sous un ponceau, fut découvert dans sa cachette par un soldat allemand qui lui tira cinq coups de fusil. Il succomba dans la journée.

Au même lieu, un sieur Griffaut (Jules), âgé de soixante-six ans, gardait paisiblement ses vaches dans un clos, quand un détachement ennemi passa à 150 mètres de lui. Un soldat qui se trouvait seul en arrière de la colonne le mit en joue et lui envoya une balle au visage. Il est juste d'ajouter qu'un officier allemand s'occupa de faire panser le blessé par un médecin de son armée et que Griffaut s'est assez rapidement rétabli.

A Rebais, le 4 septembre, à onze heures du soir, les Allemands, après avoir pillé la bijouterie du sieur Pantereau, et avoir chargé sur un camion les marchandises dont ils s'étaient emparés, mirent le feu à la maison. Ils incendièrent également trois immeubles de la rue de l'Étang, en y jetant de la paille enflammée.

## Voleurs.

Dans cette petite ville, de graves violences ont été commises. Un sieur Griffaut (Auguste), âgé de soixante-dix-neuf ans, a été odieusement brutalisé. Il a reçu de multiples coups de poing sur la tête et un coup de revolver lui a éraflé le front. On lui a volé sur lui sa montre et son porte-monnaie contenant 800 francs.

Le même jour, des soldats allemands maltraitèrent la dame X..., âgée de vingt-neuf ans, débitante de boissons, sous prétexte qu'elle devait cacher des militaires anglais. L'ayant déshabillée, ils la gardèrent au milieu d'eux, complètement nue, pendant une heure et demie, puis ils l'attachèrent à son comptoir, en lui faisant entendre qu'ils allaient la fusiller. Mais ayant été appelés au dehors, sur ces entrefaites, ils se retirèrent, en confiant leur victime à la garde d'un soldat alsacien, qui la détacha et lui rendit la liberté.

A Rebais, les soldats allemands, après avoir déshabillé la dame X..., débitante, l'attachèrent à son comptoir en l'avisant qu'elle serait fusillée.

Le 4 septembre également, d'autres soldats tentèrent de violer la dame Z..., âgée de trente-quatre ans, après avoir pillé sa boutique d'épicerie. Irrités de sa résistance, ils essayèrent de la pendre, mais elle put couper la corde avec son couteau, qu'elle trouva ouvert dans sa poche. Elle fut alors rouée de coups, jusqu'à l'arrivée d'un officier, qu'un témoin de la scène était allé appeler.

A Saint-Denis-les-Rebais, le 7 septembre, un uhlan obligea la dame X... à se déshabiller, en la menaçant de son fusil, puis il la jeta sur un matelas et la viola, tandis qu'impuissante à intervenir, la belle-mère de la victime s'efforçait de soustraire son petit-fils, âgé de huit ans, à la vue de cet ignoble spectacle.

Le même jour, au hameau de Marais, commune de Jouy-sur-Morin, les trois filles du sieur X..., âgées de dix-huit ans, de quinze ans et de treize ans, étaient auprès de leur mère malade, quand survinrent deux soldats allemands qui se saisirent de l'aînée, l'entraînèrent dans une pièce voisine et la violèrent successivement. Pendant que l'un commettait son attentat, l'autre gardait la porte et, avec ses armes, tenait en respect la mère affolée.

## Lâches.

Le château de ..., sur le territoire de la Ferté-Gaucher, a été le théâtre de faits épouvantables. Là vivait un vieux rentier, M. X..., avec sa domestique, la demoiselle Y..., âgée de cinquante-quatre ans. Le 5 septembre, plusieurs Allemands, parmi lesquels se trouvait un sous-officier, occupèrent cette propriété. Après s'être fait servir des aliments, le sous-officier propose à une réfugiée, la femme Z..., de coucher avec lui. Elle s'y refusa, et M. X..., pour la soustraire aux entreprises dont elle était l'objet, l'envoya à sa ferme, située à proximité. L'Allemand courut l'y chercher, la ramena au château et la conduisit au grenier; puis, l'ayant complètement déshabillée, essaya de la posséder. A ce moment, M. X..., voulant la protéger, tira des coups de revolver dans l'escalier. Il fut immédiatement fusillé.

Le sous-officier fit alors sortir la femme Z... du grenier, la contraignit à enjamber le cadavre du vieillard et la mena dans un réduit où il se livra encore vainement sur elle à deux tentatives. L'abandonnant enfin, pour aller se jeter sur la demoiselle Y..., il la remit entre les mains de deux soldats qui, après l'avoir violée dans la chambre du mort, lui firent passer la nuit auprès d'eux, dans une grange,.

Quant à Mlle Y..., obligée, sous la menace du fusil, de se mettre entièrement nue, elle fut violée par le sous-officier, qui la garda jusqu'au matin.

Nous avons noté enfin, d'après les déclarations d'un conseiller municipal de Rebais, que deux cavaliers anglais, surpris et blessés dans cette commune, ont été achevés à coups de fusil par les Allemands, alors qu'ils étaient désarçonnés et que l'un d'eux levait les bras, montrant ainsi qu'il était désarmé.

---

# MARNE

Dans le département de la Marne, comme partout, d'ailleurs, les troupes allemandes se sont livrées à un pillage général, effectué toujours dans des conditions identiques, avec la complicité des chefs. A ce point de vue, les communes d'Heiltz-le-Maurupt, de Suippes, de Marfaux, de Fromentières et d'Esternay ont particulièrement souffert. Tout ce que l'envahisseur enlevait des maisons était placé sur des camions automobiles ou sur des voitures. A Suippes, notamment, il a emporté de cette manière quantité d'objets divers, entre autres des machines à coudre et des jouets,

Un grand nombre de villages, ainsi que des bourgs importants, ont été incendiés sans motif. Il n'est pas douteux que ces crimes aient été commis par ordre, les détachements s'étant présentés dans les communes avec leurs torches, leurs grenades et leurs engins habituels.

A Lépine, le cultivateur Caqué, qui logeait chez lui deux cyclistes, leur a demandé si les grenades dont il les voyait munis étaient destinées à sa demeure. « Non, lui fut-il répondu. Fini pour Lépine. » A ce moment, neuf maisons du village étaient consumées.

A Marfaux, dix-neuf immeubles ont été la proie des flammes.

A le Gault-la-Forêt, sept ou huit maisons ont été détruites. La commune de Glannes n'existe pour ainsi dire plus. A Somme-Tourbe, tout le village a été brûlé, à l'exception de la mairie, de l'église et de deux bâtiments privés.

A Auve, la presque totalité du bourg a été anéantie. A Etrevy, soixante-trois ménages, sur soixante-dix, sont sans abri. A Huiron, toutes les maisons, sauf cinq, ont été incendiées. A Sermaize-les-Bains, il n'en reste qu'une quarantaine sur neuf cents. A Bignicourt-sur-Saulx, trente bâtiments sur trente-trois sont en ruines.

Dans le gros bourg de Suippes, dont la plus grande partie a été brûlée, on a vu passer des soldats porteurs de paille et de bidons de pétrole. Pendant que la maison du maire flambait, six sentinelles, baïonnette au canon, avaient la consigne d'en défendre l'accès et de s'opposer à tout secours.

Tous ces incendies, qui ne représentent qu'une faible partie des faits de même nature dont la Marne a été le théâtre, ont été allumés sans qu'on pût imputer aux habitants des localités aujourd'hui plus ou moins complètement détruites, la moindre velléité de rébellion, ni le moindre acte de résistance. Dans quelques villages, les Allemands, avant de mettre le feu, faisaient tirer un coup de fusil par un de leurs soldats, pour pouvoir prétendre ensuite que la population civile les avait attaqués, prétexte d'autant plus absurde qu'il ne restait presque partout, au moment de l'arrivée de l'ennemi, que des vieillards, des infirmes, ou des gens absolument dépourvus de tout moyen d'agression.

De nombreux attentats contre les personnes ont été également commis. Dans la plupart des communes, des otages ont été emmenés; beaucoup d'entre eux n'ont pas reparu. A Sermaize-les-Bains, où les Allemands en ont enlevé environ cent cinquante, quelques-uns ont été affublés de casques et de capotes et contraints, en cet accoutrement, de monter la garde auprès des ponts.

A Bignicourt-sur-Saulx, trente hommes et quarante-cinq femmes et enfants ont été obligés de partir avec un détachement. L'un des hommes, le nommé Pierre (Emile), n'est pas revenu et n'a pas donné de ses nouvelles. A Corfélix, le sieur Jacquet, entraîné le 7 septembre, avec onze de ses concitoyens, a été retrouvé à 500 mètres du village, la tête trouée par une balle.

A Champuis, le curé, sa domestique et quatre autres habitants, emmenés le même jour que les otages de Corfélix, n'étaient pas encore de retour au moment de notre transport.

est sous les décombres. » Malgré les recherches qui ont été opérées, le corps n'a pas été retrouvé dans les ruines. Il a dû être consumé.

A Sermaize, le cantonnier Brocard fut mis au nombre des otages. Au moment où on venait de l'arrêter, ainsi que son fils, sa femme et sa belle-fille affolées allèrent se précipiter dans la Saulx. Le vieillard ayant pu un instant se dégager, courut en toute hâte derrière elles, et fit plusieurs tentatives pour les sauver; mais les Allemands l'entraînèrent impitoyablement, lais-

A Suippes, des soldats, porteurs de paille et de bidons de pétrole, incendient les maisons, pendant que la population est tenue en respect, baïonnette au canon.

sant les deux malheureuses femmes se débattre dans la rivière. Quand, rendus à la liberté, au bout de quatre jours, Brocard et son fils retrouvèrent les cadavres, ils constatèrent que leurs compagnes avaient reçu l'une et l'autre des balles dans la tête.

A Montmirail, s'est déroulée une scène de véritable sauvagerie. Le 5 septembre, comme un sous-officier s'était jeté, presque entièrement dévêtu, sur la veuve Naudé, chez laquelle il était logé, et l'avait emportée dans sa chambre, le père de cette femme, François Fontaine, accourut aux cris de sa fille. Aussitôt, quinze ou vingt Allemands enfoncèrent la porte de la maison, poussèrent le vieillard dans la rue et le fusillèrent sans pitié. A ce moment, la petite Juliette Naudé ayant ouvert sa fenêtre, fut atteinte au ventre par une balle qui lui traversa le corps. La pauvre enfant succomba, après vingt-quatre heures des plus atroces souffrances.

## Mort de faim.

Au même lieu, un vieillard de soixante-dix ans, nommé Jacquemin, a été attaché sur son lit, par un officier, et laissé en cet état, sans nourriture pendant trois jours. Il est mort peu de temps après.

A Vert-la-Gravelle, un garçon de ferme a été tué. Il a reçu des coups de bouteille sur la tête, et un coup de lance à la poitrine.

Le garde champêtre Brulefer, de le Gault-la-Forêt, a été assassiné à Maclaunay, où il avait été conduit par les Allemands. Son cadavre avait la tête fracassée, et portait une plaie à la poitrine.

A Champguyon, commune qui a été incendiée, un nommé Verdier a été tué dans la maison de son beau-père. Ce dernier n'a pas assisté à l'exécution; mais il a entendu un coup de feu, et le lendemain un officier lui a dit : « Fils fusillé. Il

## Martyrs.

Le 6 septembre, à Champguyon, la dame Louvet a assisté au martyre de son mari. Ayant vu celui-ci entre les mains de dix ou quinze soldats qui l'assommaient à coups de bâton devant chez lui, elle accourut et l'embrassa à travers la grille de sa demeure; mais brutalement repoussée, elle tomba, tandis que les bourreaux entraînaient le malheureux qui, couvert de sang, les suppliait de lui laisser la vie, protestant qu'il n'avait rien fait pour être ainsi maltraité. Il fut achevé à l'extrémité du village. Quand sa femme l'y retrouva, il était horriblement défiguré. Sa tête était fracassée, un de ses yeux pendait hors de l'orbite et un de ses poignets était brisé.

A Esternay, le 6 septembre, trente-cinq ou quarante Allemands emmenaient, vers trois heures de l'après-midi, le sieur Laurenceau, lorsqu'il fit un mouvement brusque comme pour se dégager. Il fut immédiatement massacré à coups de fusil.

Dans la même ville, les faits suivants nous ont été révélés :

Pendant la nuit du dimanche 6 septembre au lundi 7, des soldats, qui se répandaient dans les maisons pour se livrer au pillage, découvrirent la veuve Bouché, ses deux filles, et les dames Lhomme et Macé, qui s'étaient réfugiées sous un escalier de cave. Ils ordonnèrent aux deux jeunes filles de se dévêtir, puis, comme la mère de celles-ci essayait d'intervenir, l'un d'eux, épaulant son fusil, fit feu dans la direction du groupe. La balle, après avoir atteint près du coude gauche M^me^ Lhomme, fracassa le bras droit de la demoiselle Marcelle Bouché, à la hauteur de l'aisselle. Dans la journée qui suivit, la jeune fille succomba aux suites de sa blessure qui, d'après les déclarations des témoins, était horrible.

Notre enquête dans le département de la Marne a établi, enfin, d'autres attentats dont les femmes ont été victimes.

Le 3 septembre, à Suippes, la dame X..., âgée de soixante-douze ans, a été saisie par un soldat allemand qui, en lui mettant sous le menton le canon de son revolver, l'a jetée sur son lit, avec brutalité. L'arrivée de son gendre, accouru au bruit, l'a heureusement délivrée, au moment où le viol allait être consommé.

## Une victime de onze ans.

Au même lieu et à la même époque, la petite ..., âgée de onze ans, est restée pendant trois heures en butte à la lubricité d'un soldat qui, l'ayant trouvée auprès de sa grand'mère malade, l'avait emmenée dans une maison abandonnée et lui avait enfoncé un mouchoir dans la bouche pour l'empêcher de crier.

Le 7 septembre, à Vitry-en-Perthois, la dame X..., âgée de quarante-cinq ans, et la dame Z..., âgée de quatre-vingt-neuf ans, ont été, l'une et l'autre, violées. Cette dernière est morte une quinzaine de jours après.

A Jussecourt-Minecourt, le 8 septembre, vers neuf heures du soir, la demoiselle X... a été violentée par quatre soldats, qui s'étaient introduits dans sa chambre, après en avoir fracturé la porte à l'aide d'une serpe. Tous quatre se sont jetés sur cette jeune fille, âgée de vingt et un ans, et l'ont successivement possédée.

Le bombardement d'une ville ouverte constituant incontestablement une violation du droit des gens, nous avons estimé qu'il y avait lieu de nous transporter à Reims, qui était depuis vingt-quatre jours canonnée par les Allemands. Après y avoir reçu la déposition du maire, par laquelle nous avons appris qu'environ 300 personnes de la population civile avaient déjà été tuées, nous avons constaté, dans plusieurs quartiers, la destruction de nombreux édifices et nous avons pu nous rendre compte des dégâts énormes et irréparables qui ont été infligés à la cathédrale. Depuis le 7 octobre, date de notre transport, le bombardement a continué; aussi le nombre des victimes doit-il être maintenant très considérable. Tout le monde sait combien la malheureuse ville a souffert, et combien aussi l'attitude de sa municipalité a été au-dessus de tout éloge.

Au cours de nos opérations à l'hôtel de ville, six obus ont été envoyés dans la direction de ce monument. Le cinquième est tombé à une faible distance de la façade principale et le sixième a éclaté à quinze ou vingt mètres des bureaux.

## Le pillage du château de Baye.

Nous étant rendus au château de Baye, nous avons constaté, dans cet édifice, les traces du pillage qu'il a subi. Au premier étage, une porte donnant accès dans une pièce contiguë à la galerie où le propriétaire a réuni des objets d'art de valeur a été fracturée : quatre vitrines ont été brisées, une autre a été ouverte. D'après les déclarations de la gardienne qui, en l'absence des maîtres, n'a pu nous faire connaître l'étendue du dommage, il aurait été principalement dérobé des bijoux de provenance russe et des médailles d'or. Nous avons remarqué que des tablettes recouvertes de velours noir, qui ont dû être retirées des vitrines, étaient dégarnies d'une partie des bijoux qui s'y étaient trouvés antérieurement fixés.

La chambre du baron de Baye était dans le plus grand désordre; de nombreux objets étaient épars sur le plancher et dans les tiroirs demeurés ouverts. Un bureau plat avait été fracturé; une commode Louis XVI et un bureau à cylindre du même style avaient été fouillés.

Cette chambre avait dû être occupée par un personnage d'un très haut rang, car sur la porte était restée une inscription à la craie ainsi conçue : « J. K. Hoheit. » Personne n'a pu nous renseigner exactement sur l'identité de cette Altesse : toutefois, un général qui logeait chez M. Houillier, conseiller municipal, a dit à son hôte que le château avait abrité le duc de Brunswick et l'état-major du X^e^ corps.

Le même jour, nous avons visité le château de

Beaumont, situé à proximité de Montmirail et appartenant au comte de la Rochefoucaud-Doudeauville. Suivant les déclarations de la femme du gardien, cette demeure a été pillée par les Allemands, en l'absence des maîtres, pendant une occupation qui a duré du 4 septembre au 6 du même mois. Les envahisseurs l'ont laissée dans un état de désordre et de malpropreté indescriptibles. Les secrétaires, les bureaux, les coffres-forts ont été fracturés, des écrins à bijoux ont été sortis des tiroirs et vidés.

Sur les portes des chambres nous avons pu lire des inscriptions à la craie, parmi lesquelles nous avons relevé les mots : « Excellenz », Major von Ledebur », « Graf Waldersee ».

A Revigny, après avoir chargé plusieurs camions automobiles de meubles et de literie, les Allemands arrosent les murs au pétrole avec des appareils spéciaux, et mettent le feu aux maisons.

## MEUSE

Le département de la Meuse, dont les armées allemandes occupent encore une grande partie, a été cruellement éprouvé. Des communes importantes y ont été ravagées par des incendies allumés volontairement, en dehors de toute nécessité d'ordre militaire, et sans que les populations eussent aucunement provoqué, par leur attitude, de semblables atrocités. Tel est le cas, notamment de Revigny, de Sommeilles, de Triaucourt, de Bulainville, de Clermont-en-Argonne et de Villers-aux-Vents.

Après avoir complètement pillé les maisons de Revigny et avoir enlevé leur butin sur des voitures, les Allemands ont incendié les deux tiers de la ville, pendant trois jours consécutifs, du 6 au 9 septembre, en arrosant de pétrole les murs, avec des pompes à main, et en jetant dans les foyers des sachets remplis de poudre comprimée en tablettes. Il nous a été remis des spécimens de ces sachets et de ces tablettes, ainsi que des baguettes d'une matière inflammable et fusante, abandonnées sur les lieux par les incendiaires.

L'église, qui était classée au nombre des monuments historiques, et la mairie, avec toutes ses archives, ont été détruites.

Plusieurs habitants, au nombre desquels étaient des enfants, ont été emmenés comme otages. Ils ont été, d'ailleurs, rendus à la liberté le lendemain, à l'exception du sieur Wladimir Thomas.

Peu de localités, dans la Meuse, ont autant souffert que la commune de Sommeilles. Elle n'est plus qu'un amas de décombres, ayant été complètement incendiée, le 6 septembre, par un régiment d'infanterie allemande qui portait le numéro 51. Le feu a été mis à l'aide d'engins ressemblant à des pompes à bicyclettes et dont beaucoup de soldats étaient munis.

## Scènes d'horreurs.

Ce malheureux village a été le théâtre d'un drame affreux. Au début de l'incendie, la dame X..., dont le mari est sous les drapeaux, s'était réfugiée dans la cave des époux Adnot, avec ces derniers et ses quatre enfants, respectivement âgés de onze ans, de cinq ans, de quatre ans et d'un an et demi. Quelques jours après, on y découvrit les cadavres de tous ces infortunés, au milieu d'une mare de sang. Adnot avait été fusillé, la dame X... avait le sein et le bras droit coupés, la fillette de onze ans avait un pied sectionné, le petit garçon de cinq ans avait la gorge tranchée. La femme X... et la petite fille paraissaient avoir été violées.

A Villers-aux-Vents, le 8 septembre, des officiers allemands invitèrent les habitants qui n'avaient pas encore fui à quitter leurs demeures, en les prévenant que le village allait être brûlé, parce que, prétendaient-ils, trois soldats français s'étaient habillés en civil. D'autres donnèrent comme prétexte qu'on avait trouvé dans une maison une installation de télégraphie sans fil. La menace fut si rigoureusement exécutée qu'un seul bâtiment resta debout.

A Vaubecourt, où six immeubles ont été incendiés par les Wurtembergeois, le feu a été mis dans une grange avec de la paille amoncelée par les soldats.

## Meurtres et incendies.

A Triaucourt, les Allemands se sont livrés aux pires excès. Irrités sans doute des observations qu'un officier avait adressées à un soldat contre lequel une jeune fille de dix-neuf ans, Mlle Hélène Procès, avait porté plainte, à raison d'entreprises inconvenantes dont elle avait été l'objet, ils incendièrent le village et organisèrent le massacre des habitants. Ils commencèrent par mettre le feu à la maison d'un paisible propriétaire, le sieur Jules Gand, et par fusiller ce malheureux, au moment où il sortait de chez lui pour échapper aux flammes; puis ils se répandirent dans les habitations et dans les rues, en tirant des coups de fusil de tous côtés. Un jeune homme de dix-sept ans, Georges Lecourtier, qui essayait de se sauver, fut tué.

Le sieur Alfred Lallemand subit le même sort; poursuivi jusque dans la cuisine de son concitoyen Tantelier, il y fut massacré, tandis que ce dernier recevait trois balles dans la main.

Craignant, non sans raison, pour leur vie, Mlle Procès, sa mère, sa grand'mère, âgée de soixante et onze ans, et sa vieille tante de quatre-vingt-un ans, Mlle Laure Mennehand, tentèrent de franchir, à l'aide d'une échelle, le treillage qui sépare leur jardin d'une propriété voisine. La jeune fille seule parvint à passer de l'autre côté et put éviter la mort en se cachant au milieu des choux. Quant aux trois femmes, elles furent abattues à coups de fusil. Le curé du village, après avoir ramassé sur le sol, où elle s'était répandue, la cervelle de Mlle Mennehand, fit transporter les corps dans la maison. Procès. Pendant la nuit qui suivit, les Allemands jouèrent du piano auprès des cadavres.

## Brûlés vifs.

Tandis que le carnage sévissait, l'incendie se propageait rapidement, et dévorait trente-cinq maisons. Un vieillard de soixante-dix ans, Jean Lecourtier, et un enfant de deux mois trouvaient la mort dans les flammes. Le sieur Igier, qui s'efforçait de sauver son bétail, était poursuivi sur un parcours de 300 mètres par des soldats qui ne cessaient de tirer sur lui. Cet homme eut, par miracle, la chance de n'être pas blessé; mais cinq balles traversèrent son pantalon. Comme le curé Viller s'indignait auprès du duc de Wurtemberg, logé dans le village, du traitement infligé à sa paroisse : « Que voulez-vous? répondit celui-ci, nous avons, comme chez vous, de mauvais soldats. »

Dans cette même commune, une tentative de viol, qui manqua son effet, grâce à la résistance opiniâtre et courageuse de la victime, fut commise par trois Allemands sur la personne de la dame D..., âgée de quarante-sept ans; enfin, une vieille femme de soixante-quinze ans, Mme Maupoix, fut si violemment frappée à coups de bottes, qu'elle en mourut quelques jours après. Pendant que les soldats la maltraitaient, d'autres dévalisaient ses armoires.

La petite ville de Clermont-en-Argonne, adossée à une colline pittoresque, au milieu d'un paysage agréable, recevait chaque année la visite de nombreux touristes. Le 4 septembre, pendant la nuit, les 121e et 122e régiments wurtembergeois y firent leur entrée, en brisant les portes des maisons et en se livrant à un pillage effréné, qui devait se continuer pendant le cours de la journée suivante. Vers midi, un soldat alluma l'incendie dans l'habitation d'un horloger, en y répandant volontairement le contenu de la lampe à alcool qui lui avait servi à préparer son café.

Un habitant, M. Monternach, courut aussitôt chercher la pompe municipale, et demanda à un officier de lui fournir des hommes pour la mettre en action. Brutalement éconduit et menacé d'un revolver, il renouvela sa démarche auprès de plusieurs autres officiers sans plus de succès. Pendant ce temps, les Allemands continuaient à incendier la ville, en se servant de bâtons au bout desquels des torches étaient fixées. Tandis que les maisons flambaient, des soldats envahissaient l'église, qui est isolée, sur la hauteur, y dansaient au son de l'orgue, puis, avant de se retirer, y mettaient le feu, à l'aide de grenades, ainsi que de récipients garnis de mèches et remplis d'un liquide inflammable.

Après l'incendie de Clermont, on trouva deux cadavres, celui du maire de Vauquois, M. Poinsignon, complètement carbonisé et celui d'un jeune garçon de onze ans, qui avait été fusillé à bout portant.

Quand le feu fut éteint, le pillage recommença dans les immeubles que la flamme avait épargnés. Des objets mobiliers, enlevés de chez le sieur Desforges, et des étoffes volées dans le magasin du sieur Nordman, marchand de nouveautés, furent entassés dans des automobiles.

Un médecin-major s'empara de tous les objets de pansement de l'hospice, et un officier supérieur, après avoir inscrit sur la porte d'entrée de la maison Lebondidier une mention interdisant de piller, fit emporter sur une voiture une grande partie des meubles qui garnissaient cette habitation, les destinant, comme il s'en vanta sans vergogne, à l'ornement de sa propre villa.

A l'époque où tous ces faits se sont passés, la ville de Clermont-en-Argonne était occupée par le treizième corps wurtembergeois, sous les ordres du général von Durach et par une troupe de uhlans que commandait le prince de Wittenstein.

La coquette petite ville de Clermont-en-Argonne est incendiée et pillée, les habitants massacrés par les 121e et 122e régiments wurtembergeois.

## Fusillade.

Le 7 septembre, une dizaine de cavaliers allemands pénétrèrent dans la ferme de Lamermont, commune de Lisle-en-Barrois, et après s'être fait servir du lait, partirent en paraissant satisfaits. Après leur départ, on entendit au loin des coups de fusil. Un peu plus tard, une seconde troupe, composée d'environ trente hommes, se présentait à son tour, et accusait les gens de la ferme d'avoir tué un soldat allemand. Immédiatement saisis et emmenés dans les environs, le fermier Elly et un de ses hôtes, le sieur Javelot, étaient, malgré leurs protestations d'innocence, impitoyablement fusillés.

A Loupy-le-Château, les Allemands se sont livrés à des actes d'immoralité et de brutalité révoltants, pendant la nuit du 8 au 9 septembre, dans une cave où plusieurs femmes s'étaient réfugiées, pour se préserver du bombardement. Toutes ces malheureuses furent odieusement maltraitées; la demoiselle X..., âgée de soixante et onze ans, la femme Y..., âgée de quarante-quatre ans, ses deux filles, l'une de treize ans, l'autre de huit ans, et la dame Z..., furent violées.

Dans beaucoup de communes, des otages ont été emmenés. C'est ainsi qu'à Laimont, huit personnes ont été contraintes de suivre les troupes allemandes, au commencement du mois de septembre. Le 27 octobre, aucune d'elles n'avait reparu. Le curé de Nubécourt, enlevé le 5 septembre, n'était pas non plus rentré dans sa paroisse.

A Saint-André, au nombre des personnes arrêtées, se trouvait le sieur Havette. Il obtint d'un officier la permission d'aller veiller le corps de sa femme, tuée d'un éclat d'obus le jour précédent. Dans la soirée, ordre fut donné à tous les habitants de se rassembler dans une grange. Havette, ayant cru pouvoir échapper à cette obligation, en vertu de l'autorisation qu'il avait reçue, resta à son domicile jusqu'à onze heures du soir. Quand il sortit, il fut abattu d'un coup de fusil.

D'autres villages que ceux dont nous avons

relaté l'incendie, notamment Vassincourt et Brabant-le-Roi, ont été plus ou moins complètement brûlés. Il ne nous a pas été possible, jusqu'à ce jour, d'établir d'une façon complète les circonstances de leur destruction. Notre enquête, en ce qui les concerne, sera ultérieurement poursuivie.

Il a été enfin porté à notre connaissance que, dans le département de la Meuse, l'ennemi avait commis des actes de cruauté à l'égard des militaires français blessés et des prisonniers. Nous exposerons ce genre de faits à la fin du présent rapport.

Des avions ennemis ont survolé la ville à deux reprises. Le 4 septembre, l'un d'eux a jeté deux bombes, dont l'une a tué, sur la place de la Cathédrale, un homme et une petite fille et a blessé six personnes. Le 13 octobre, trois bombes ont été lancées sur la gare des marchandises. Quatre employés de la Compagnie des chemins de fer de l'Est ont été blessés.

Quand nous nous sommes rendus à Pont-à-Mousson, dans la matinée du 10 novembre, sept obus venaient d'y être envoyés par les batteries allemandes, quelques heures auparavant. C'était, depuis le 11 août, le vingt-quatrième jour de

Pont-à-Mousson fut bombardé pendant 25 jours. Le 14 août, les Allemands, au mépris des règles de la convention de Genève, prirent pour objectif l'hôpital, sur les tours duquel flottaient des drapeaux de la Croix-Rouge visibles de fort loin.

## MEURTHE-ET-MOSELLE

Nous sommes arrivés le 26 octobre dans le département de Meurthe-et-Moselle, et nous avons visité un très grand nombre de communes des arrondissements de Nancy et de Lunéville.

Nancy, ville ouverte, dans laquelle l'armée allemande n'a pas pu pénétrer, a été bombardée, sans avertissement préalable, dans la nuit du 9 au 10 septembre. Soixante obus environ sont tombés sur les quartiers du centre et dans le cimetière du sud, c'est-à-dire en des endroits où il n'existe pas d'établissement militaire. Trois femmes, une jeune fille et une fillette ont été tuées, treize personnes ont été blessées; les dégâts matériels sont importants.

bombardement. La veille, une jeune fille de dix-neuf ans et un enfant de quatre ans avaient été tués dans leur lit par des éclats de projectiles. Le 14 août, les Allemands ont spécialement pris pour objectif l'hôpital, sur les tours duquel flottaient des drapeaux de la Croix-Rouge, visibles de fort loin. Cet édifice n'a pas reçu moins de soixante-dix obus. Nous avons constaté les dégâts qu'ils ont causés.

Quatre-vingts maisons, environ, ont été endommagées par les différents bombardements qui, tous, ont eu lieu sans avertissement. Quatorze personnes de la population civile, principalement des femmes et des enfants, ont été tuées. On compte à peu près le même nombre de blessés. Or, Pont-à-Mousson n'est pas fortifié Seul, le pont sur la Moselle avait été mis en état de défense, au début des hostilités, par le 6e bataillon de chasseurs qui tenait alors garnison dans la ville.

## Vision d'épouvante.

Nous avons éprouvé une véritable impression d'horreur, quand nous nous sommes trouvés en présence des ruines lamentables de Nomény. A part quelques rares maisons qui subsistent encore, auprès de la gare, dans un emplacement séparé par la Seille de l'agglomération principale, il ne reste de cette petite ville qu'une succession de murs ébréchés et noircis, au milieu d'un amas de décombres, dans lequel se voient, çà et là, quelques ossements d'animaux, en partie calcinés, et des débris carbonisés de cadavres humains. La rage d'une soldatesque en furie s'est déchaînée là implacablement.

Nomény, à raison de sa proximité de la frontière, avait, dès le début de la guerre, reçu de temps en temps la visite de cavaliers allemands. Des escarmouches avaient eu lieu dans ses environs et, le 14 août, dans la cour de la ferme de la Borde située à une faible distance, un soldat ennemi avait, sans aucun motif, tué d'un coup de fusil le jeune domestique Nicolas Michel, âgé de dix-sept ans.

Le 20, alors que les habitants avaient cherché dans les caves un refuge contre le bombardement, les Allemands, après s'être, par suite d'une méprise, mutuellement tiré les uns sur les autres, pénétrèrent vers midi dans la ville.

D'après ce que l'un d'eux a raconté, leurs chefs leur avaient affirmé que les Français torturaient les blessés, en leur arrachant les yeux et en leur coupant les membres; aussi étaient-ils dans un état de surexcitation épouvantable. Jusque dans la journée du lendemain, ils se livrèrent aux plus abominables excès, pillant, incendiant et massacrant sur leur passage. Après avoir enlevé dans les habitations tout ce qui leur avait paru digne d'être emporté et avoir envoyé à Metz le produit de leurs vols, ils mirent le feu aux maisons, avec des torches, des pastilles de poudre comprimée et aussi avec du pétrole qu'ils transportaient dans des récipients placés sur un petit chariot. De tous côtés des coups de fusil éclataient; les malheureux habitants que la crainte de l'incendie chassait de leurs caves étaient abattus comme un gibier, les uns dans leurs demeures et les autres sur la voie publique.

Les sieurs Sanson, Pierson, Lallemand, Adam Jeanpierre, Meunier, Schneider, Raymond, Duponcel, Hazotte père et fils sont assassinés à coups de fusil dans la rue. Le sieur Killian, se voyant menacé d'un coup de sabre, place ses mains sur son cou pour se protéger; il a trois doigts tranchés et la gorge ouverte.

Un vieillard de quatre-vingt-six ans, le sieur Petitjean, assis dans son fauteuil, est frappé d'une balle qui lui fracasse le crâne, et un Allemand met en présence du cadavre la dame Bertrand, en lui disant : « Vous avez vu ce cochon-là ! » M. Chardin, conseiller municipal, faisant fonctions de maire, est requis de fournir un cheval et une voiture. A peine a-t-il promis de faire tout son possible pour obéir qu'il est tué d'un coup de feu. Le sieur Prevot, qui voit des Bavarois faire irruption dans la pharmacie dont il est le gardien, leur dit qu'il est le pharmacien et qu'il leur donnera tout ce qu'ils voudront, mais trois détonations retentissent et il tombe en poussant un grand soupir. Deux femmes qui se trouvaient avec lui se sauvent, poursuivies à coups de crosse jusqu'aux abords de la gare, où elles voient, dans le jardin et sur la route, de nombreux cadavres amoncelés.

Entre trois et quatre heures de l'après-midi, les Allemands pénètrent dans la boucherie de la dame François. Celle-ci sort alors de sa cave avec son garçon Stub, et un employé nommé Contal. Dès que Stub arrive sur le seuil de la porte d'entrée, il tombe grièvement blessé d'un coup de fusil; puis Contal, qui se sauve dans la rue est immédiatement assassiné. Cinq minutes après, comme Stub râle encore, un soldat se penche sur lui et l'achève d'un coup de hache dans le dos.

## Une boucherie humaine.

L'incident le plus tragique de ces horribles scènes s'est produit chez le sieur Vassé, qui avait recueilli dans sa cave, faubourg de Nancy, un certain nombre de personnes. Vers quatre heures, une cinquantaine de soldats envahissent la maison, en enfonçant la porte ainsi que les fenêtres, et y mettent aussitôt le feu. Les réfugiés s'efforcent alors de se sauver, mais ils sont abattus les uns après les autres à la sortie. Le sieur Mentré est assassiné le premier. Son fils Léon tombe ensuite avec sa petite sœur de huit ans dans les bras. Comme il n'est pas tué raide, on lui met l'extrémité du canon d'un fusil sur la tête, et on lui fait sauter la cervelle. Puis c'est le tour de la famille Kieffer. La mère est blessée au bras et à l'épaule; le père, le petit garçon de dix ans et la fillette, âgée de trois ans, sont fusillés. Les bourreaux tirent encore sur eux quand ils sont à terre. Kieffer, étendu sur le sol, reçoit une nouvelle balle au front; son fils a le crâne enlevé d'un coup de feu. Ensuite, c'est le sieur Strieffert et un des fils Vassé qui sont massacrés, tandis que la dame Mentré reçoit trois balles, une à la jambe gauche, une autre au bras du même côté et la troisième au front, qui est seulement éraflé. Le sieur Guillaume, traîné dans la rue, y trouve la mort. La jeune Simonin, âgée de dix-sept ans, sort enfin de la cave avec sa sœur Jeanne, âgée de trois ans. Cette dernière a un coude presque emporté par une balle. L'aînée se jette à terre et feint d'être morte, restant pendant cinq minutes dans une angoisse affreuse. Un soldat lui porte un coup de pied, en criant : *capout.*

Un officier survient à la fin de cette tuerie. Il ordonne aux femmes qui sont encore vivantes de se relever et leur crie : « Allez en France. »

Tandis que tant de personnes étaient massacrées, d'autres, suivant l'expression d'un témoin, étaient emmenées « en troupeau » dans les champs, sous la menace d'une exécution imminente. Le curé, notamment, n'a dû qu'à des circonstances extraordinaires de n'être pas fusillé.

## Bavarois massacreurs.

D'après les dépositions que nous avons reçues, toutes ces abominations ont été commises surtout par les 2e et 4e régiments d'infanterie bavaroise. Pour les expliquer, les officiers ont prétendu que les civils avaient tiré sur leurs troupes. Ainsi que l'a formellement établi notre enquête, ce prétexte est mensonger; car, au moment de l'arrivée des ennemis, toutes les armes avaient été déposées à la mairie et la partie de la population qui n'avait pas quitté le pays s'était cachée dans les caves, en proie à la plus grande terreur. D'ailleurs, la raison invoquée, fût-elle vraie, ne suffirait assurément pas pour excuser la destruction de toute une cité, le meurtre des femmes et le massacre des enfants.

Une liste des personnes qui ont trouvé la mort au cours de l'incendie et des fusillades a été dressée par M. Biévelot, conseiller d'arrondissement. Elle ne comprend pas moins de cinquante noms. Nous ne les avons pas cités tous. D'une part, en effet, parmi les personnes dont le décès a été constaté, quelques-unes sont mortes dans des conditions mal précisées; d'autre part, la dispersion des habitants de la ville, aujourd'hui anéantie, a rendu notre information assez difficile. Nos recherches seront continuées. En tout cas, ce que nous avons déjà pu établir d'une manière incontestable suffit pour qu'on se rende compte de ce qu'a été, dans la journée du 20 août, le martyre de Nomény.

A Nomény, plusieurs personnes s'étaient réfugiées dans la cave de M. Vasse, les Allemands y firent irruption; en se sauvant, ces malheureux furent abattus les uns après les autres à coups de fusil.

Lunéville a été occupée par les Allemands, du 21 août au 11 septembre. Pendant les premiers jours, ils se sont contentés de piller, sans molester autrement les habitants. C'est ainsi, notamment, que le 24 août, la maison de la dame Jeaumont a été dévalisée. Les objets volés ont été chargés sur une grande voiture, dans laquelle se tenaient trois femmes, l'une vêtue de noir, les autres portant des costumes militaires et, nous a-t-on dit, paraissant être des cantinières.

Le 25, l'attitude des envahisseurs changea subitement. Le maire, M. Keller, s'étant rendu à l'hôpital vers trois heures et demie de l'après-midi, vit des soldats tirer des coups de fusil dans la direction du grenier d'une maison voisine et entendit siffler des balles qui lui parurent venir de l'arrière. Les Allemands lui déclarèrent que des habitants avaient tiré sur eux. Il leur offrit alors, en protestant, de faire avec eux le tour de la ville, pour leur démontrer l'inanité de cette allégation. Sa proposition fut acceptée, et comme, au début de la tournée, on trouvait, dans la rue, le cadavre du sieur Crombez, l'officier qui commandait l'escorte dit à M. Keller : « Vous voyez ce cadavre, c'est celui d'un civil qu'un autre civil a tué, en tirant sur nous, d'une maison voisine de la synagogue. Aussi, comme notre loi nous l'ordonne, nous avons brûlé la maison et nous en avons exécuté les habitants. » Il faisait allusion au meurtre d'un homme dont le caractère timide était connu de tous, le ministre officiant israélite Weill, qui venait d'être tué chez lui, avec sa fille, âgée de seize ans. Le même officier ajouta : « On a également brûlé la maison qui fait l'angle de la rue Castara et de la rue Girardet, parce que des civils avaient tiré de là des coups de feu. » C'est de cet immeuble que, suivant les prétentions des Allemands, on aurait tiré sur la cour de l'hôpital; or, la disposition des lieux ne permet pas d'admettre l'exactitude d'une telle affirmation.

Tandis que le maire et la troupe qui l'accompagnait poursuivaient leur reconnaissance, l'incendie éclatait de différents côtés; l'hôtel de ville brûlait, ainsi que la synagogue et plusieurs maisons de la rue Castara, et le faubourg d'Einville était en flammes. En même temps, commençaient les massacres qui devaient se continuer jusque dans la journée du lendemain. Sans compter le sieur Crombez, le ministre officiant Weill et sa fille, dont nous avons déjà mentionné la mort, les victimes furent : les sieurs Hamman, Binder, Balastre père et fils, Vernier, Dujon, le sieur Kahn et sa mère, le sieur Steiner et sa femme, le sieur Wingerstmann et son petit-fils, enfin les sieurs Sibille, Monteils et Colin.

## Un Allemand avoue avoir tué sans motif.

Les meurtres furent commis dans les circonstances suivantes : Le 25 août, après avoir tiré deux coups de fusil à l'intérieur de la tannerie Worms, pour faire croire qu'ils y étaient attaqués, des Allemands envahirent un atelier de cette usine, dans lequel travaillait l'ouvrier Goeury, en compagnie des sieurs Balastre père et fils. Goeury, traîné dans la rue, y fut dévalisé et brutalement maltraité, tandis que ses deux compagnons, découverts dans les cabinets d'aisances où ils avaient cherché un refuge, étaient tués à coups de feu.

Le même jour, des soldats vinrent appeler le sieur Steiner, qui était caché dans sa cave. Sa femme, redoutant un malheur, essaya de le retenir. Comme elle le pressait dans ses bras, elle reçut une balle au cou. Quelques instants après, Steiner ayant obéi à l'injonction qui lui avait été adressée tombait mortellement frappé dans son jardin. Le sieur Kahn fut, lui aussi, assassiné dans le jardin de sa maison. Sa mère, âgée de quatre-vingt-dix-huit ans, qui fut carbonisée dans l'incendie, avait été préalablement tuée dans son lit d'un coup de baïonnette, d'après ce qu'a raconté un individu qui servait d'interprète à l'ennemi. Le sieur Binder, qui sortait pour échapper aux flammes, fut également abattu. L'Allemand par lequel il a été tué a reconnu avoir tiré sur lui sans motif, alors que le malheureux se tenait tranquillement devant une porte. Le sieur Vernier eut le même sort que Binder.

Vers trois heures, des Allemands firent irruption en brisant les fenêtres et en tirant des coups de fusil dans une maison où étaient la dame Dujon, sa fille âgée de trois ans, ses deux fils et un sieur Gaumier. La fillette faillit être tuée. Elle eut le visage brûlé par un coup de feu. A ce moment, Mme Dujon ayant vu son plus jeune fils, Lucien, âgé de quatorze ans, étendu sur le sol, l'invita à se lever pour prendre la fuite avec elle. Elle s'aperçut alors qu'il tenait à pleines mains ses entrailles qui s'échappaient. La maison était en feu, le pauvre enfant fut carbonisé, ainsi que le sieur Gaumier, qui n'avait pas pu se sauver.

Le sieur Wingerstmann et son petit-fils, âgé de douze ans, qui étaient allés arracher des pommes de terre à peu de distance de Lunéville, au lieu dit « les Mossus », territoire de Chanteheux, eurent le malheur de rencontrer des Allemands. Ceux-ci les placèrent tous deux contre un mur et les fusillèrent.

Enfin, vers cinq heures du soir, des soldats étant entrés chez la femme Sibille, au même lieu, s'emparèrent, sans raison, de son fils, l'emmenèrent à deux cents mètres de la maison et le massacrèrent, ainsi qu'un sieur Vallon, au corps duquel ils l'avaient attaché. Un témoin qui avait aperçu les meurtriers au moment où ils entraînaient leur victime, les vit revenir sans elle et constata que leurs baïonnettes-scies étaient pleines de sang et de lambeaux de chair.

Ce même jour, un infirmier, nommé Monteils, qui soignait à l'hospice de Lunéville un officier ennemi blessé, fut foudroyé d'une balle au front, pendant qu'il regardait par une fenêtre un soldat allemand tirant des coups de fusil.

## Un septuagénaire assassiné.

Le lendemain 26, le sieur Hamman et son fils, âgé de vingt et un ans, furent arrêtés chez eux et traînés dehors par une bande qui était entrée en brisant la porte. Le père fut roué de coups; quant au jeune homme, comme il essayait de se débattre, un sous-officier lui cassa la tête d'un coup de revolver.

A une heure de l'après-midi, M. Riklin, pharmacien, ayant été prévenu qu'un homme était tombé à une trentaine de mètres de son officine, se rendit à l'endroit indiqué et reconnut dans la victime son beau-frère, le sieur Colin, âgé de soixante-huit ans, qui avait été frappé d'une balle au ventre. Les Allemands ont prétendu que ce vieillard avait tiré sur eux, mais M. Riklin leur donne, à cet égard, un démenti formel. Colin, nous a-t-il dit, était un homme inoffensif, absolument incapable de se livrer à un acte d'agression, et ignorant complètement le maniement d'une arme à feu.

Il nous a paru utile de relever aussi, à Lunéville, des actes moins graves, mais qui jettent un jour particulier sur la mentalité de l'envahisseur. Le 25 août, le sieur Lenoir, âgé de soixante-sept ans, fut, ainsi que sa femme, emmené dans les champs, les mains liées derrière le dos. Après que tous deux eurent été cruellement maltraités, un sous-officier s'empara d'une somme de dix-huit cents francs en or que Lenoir portait sur lui. Le vol le plus impudent semble bien, d'ailleurs, comme nous l'avons déjà dit, être entré dans les mœurs de l'armée allemande qui le pratique publiquement. En voici un exemple intéressant :

Dans le village de Chanteneux, près de Lunéville, M. Reele, âgé de soixante-deux ans, fut emmené avec d'autres otages; ne pouvant pas suivre la colonne, il est brutalement frappé à coups de crosse et de baïonnette, sa figure ensanglantée était méconnaissable, quand un Bavarois lui lance au front un seau en bois. Ce malheureux vieillard a dû succomber à la suite de ces tortures.

Pendant l'incendie d'une maison appartenant à la dame Leclerc, les coffres-forts de deux locataires avaient résisté aux flammes. L'un, appartenant à M. George, sous-inspecteur des eaux et forêts, était tombé dans les décombres; l'autre, dont M. Goudchau, marchand de biens, était propriétaire, était resté scellé à un mur à la hauteur du second étage. Le sous-officier Weiss, qui connaissait admirablement la ville où il avait été maintes fois bien accueilli, quand il y venait avant la guerre pour son commerce de marchand de houblon, se rendit avec des soldats sur les lieux, ordonna qu'on fît sauter à la dynamite le pan de muraille resté debout et assura le transport des deux coffres à la gare, où on les plaça sur un wagon, à destination de l'Allemagne. Ce Weiss jouissait auprès du commandement d'une confiance et d'une considération particulières. C'est lui qui, installé à la kommandantur, était chargé d'administrer en quelque sorte la commune et de pourvoir aux réquisitions.

## Le vol après le meurtre.

Après avoir commis de nombreux actes de pillage à Lunéville, y avoir fait brûler environ soixante-dix maisons avec des torches, du pétrole et divers engins incendiaires, après y avoir, enfin, massacré de paisibles habitants, l'autorité militaire allemande a jugé à propos d'y faire afficher la proclamation suivante, dans laquelle elle a formulé des accusations ridicules pour justifier l'extorsion, sous forme d'indemnité, d'une contribution énorme :

AVIS A LA POPULATION

*Le 25 août 1914, des habitants de Lunéville ont fait une attaque par embuscade contre les colonnes et trains allemands. Le même jour, des habitants ont tiré sur des formations sanitaires marquées par la Croix-Rouge. De plus, on a tiré sur des blessés allemands et sur l'hôpital militaire, contenant une ambulance allemande. A cause de ces actes d'hostilité, une contribution de six cent cinquante mille francs est imposée à la commune de Lunéville. Ordre est donné a M. le maire de verser cette somme en or (et en argent jusqu'à 50.000 francs), le 6 septembre, à neuf heures du matin, entre les mains du représentant de l'autorité militaire allemande. Toute réclamation sera considérée comme nulle et non arrivée. On n'accordera pas de délai. Si la commune n'exécute pas ponctuellement l'ordre de payer la somme de 650.000 francs, on saisira tous les biens exigibles. En cas de non-payement, des perquisitions domiciliaires auront lieu et tous les habitants seront fouillés. Quiconque aura dissimulé sciemment de l'argent ou essayé de soustraire des biens à la saisie de l'autorité militaire, ou qui cherche à quitter la ville, sera fusillé. Le maire et les otages pris par l'autorité militaire seront rendus responsables d'exécuter exactement les ordres sus-indiqués. Ordre est donné à la mairie de publier de suite ces dispositions à la commune.*

*Hénaménil, le 3 septembre 1914.*

Le commandant en chef,

VON FOSBENDER.

Quand on a lu cet inimaginable document, on a le droit de se demander si les incendies et les meurtres commis à Lunéville, les 25 et 26 août, par une armée qui n'agissait pas dans l'excitation du combat, et qui pendant les jours précédents s'était abstenue de tuer, n'ont pas été ordonnés pour rendre plus vraisemblable l'allégation qui devait servir de prétexte à l'exigence d'une indemnité.

## Otages brutalisés.

Situé tout à proximité de Lunéville, le village de Chanteheux ne fut pas plus épargné. Les Bavarois qui l'occupèrent du 22 août au 12 septembre, y brûlèrent vingt maisons, par leurs procédés habituels et y massacrèrent, le 25 août, huit personnes : les sieurs Lavenne, Toussaint, Parmentier et Bacheler, qui furent tués, les trois premiers à coups de fusil, le quatrième, de deux coups de feu et d'un coup de baïonnette; le jeune Schneider, âgé de vingt-trois ans, qui fut assassiné dans une dépendance de la commune: le sieur Wingerstmann et son petit-fils, dont nous avons relaté plus haut la mort, en exposant les crimes commis à Lunéville; enfin, le sieur Reeb, âgé de soixante-deux ans, qui est certainement décédé à la suite des mauvais traitements qu'il a subis. Cet homme avait été emmené comme otage en même temps que quarante-deux de ses concitoyens, qui furent retenus pendant treize jours. Après avoir d'abord, reçu de terribles coups de crosse au visage et un coup de baïonnette au flanc, il continuait à suivre la colonne, bien qu'il perdît beaucoup de sang et que sa face fût meurtrie au point de le rendre méconnaissable, quand un Bavarois, sans aucun motif, lui fit encore une large plaie, en lui lançant au front un seau en bois. Entre Hénaménil et Bures, ses compagnons s'aperçurent qu'il n'était plus au milieu d'eux. Il est hors de doute qu'il a succombé.

Si ce malheureux a été plus cruellement martyrisé, tous les otages que les ennemis ont pris avec lui dans la commune ont eu aussi à subir des violences et des outrages. Avant de mettre le feu au village, on les avait adossés au parapet d'un pont, tandis que les troupes passaient en les brutalisant. Comme un officier les accusait d'avoir tiré sur les Allemands, l'instituteur lui donna sa parole d'honneur qu'il n'en était rien. « Cochon de Français, répliqua l'officier, ne parlez pas d'honneur, vous n'en avez point. »

Au moment où l'incendie de sa maison commença, la dame Cherrier, qui sortait de la cave, pour échapper à l'asphyxie, fut inondée d'un liquide inflammable, par des soldats qui en arrosaient les murs. L'un de ces hommes lui dit : « C'est de la benzine. » Elle courut alors se cacher, avec ses parents, derrière un tas de fumier, mais les incendiaires la ramenèrent de force devant le brasier; et elle dut assister à la destruction de son immeuble.

## Plus de cent meurtres à Gerbéviller.

De même que Nomény, la jolie ville de Gerbéviller, au bord de la Mortagne, a été, dans des conditions effroyables, victime de la fureur allemande. Le 24 août, les troupes ennemies s'y heurtèrent à la résistance héroïque d'une soixantaine de chasseurs à pied, qui leur infligèrent de grosses pertes. Elles s'en vengèrent durement sur la population civile. Dès leur entrée dans la ville, en effet, les Allemands se livrèrent aux pires excès, pénétrant dans les habitations en poussant des hurlements féroces, brûlant les édifices, tuant ou arrêtant les habitants, et n'épargnant ni les femmes ni les vieillards. Sur quatre cent soixante-quinze maisons, vingt au plus sont encore habitables. Plus de cent personnes ont disparu, cinquante au moins ont été massacrées. Les unes ont été conduites dans les champs pour y être fusillées, les autres ont été assassinées dans leurs demeures, ou abattues au passage dans les rues, quand elles essayaient de fuir l'incendie. Trente-six cadavres ont été, jusqu'à présent, identifiés. Ce sont ceux de MM. Barthélémy, Blosse père, Robinet, Chrétien, Rémy, Bourguignon, Perrin, Wuillaume, Bernasconi, Gauthier, Menu, Simon, Lingenheld père et fils, Benoît, Calais, Adam, Caille, Lhuillier, Regret, Plaid, âgé de quatorze ans, Leroi, Bazzolo, Gentil, Dehan (Victor), Dehan (Charles), Dehan fils, Brennevald, Parisse, Yong, François, secrétaire de mairie; de Mmes Perrot, Courtois, Gauthier et Guillaume, et des demoiselles Perrin et Miquel.

Quinze de ces pauvres gens ont été exécutés au lieudit « la Prêle ». Ils ont été enterrés par leurs concitoyens, le 12 ou le 15 septembre.

Presque tous avaient les mains liées derrière le dos; quelques-uns avaient les yeux bandés; les pantalons de la plupart étaient déboutonnés et rabattus jusque sur les pieds. Cette dernière circonstance, ainsi que l'aspect des cadavres, ont fait penser à des témoins que les victimes avaient subi une mutilation. Nous ne croyons pas devoir nous approprier cette opinion, l'état de décomposition très avancée des corps ayant pu causer une erreur. Il est d'ailleurs possible que les meurtriers aient déboutonné les pantalons de leurs prisonniers pour mettre ceux-ci dans l'impossibilité de s'enfuir, en leur entravant les jambes.

Le 16 octobre, au lieu dit « le Haut-de-Vormont », on a découvert, enfouis sous quinze ou vingt centimètres de terre, dix cadavres de civils portant des traces de balles et ayant tous les yeux bandés. On a trouvé sur l'un d'eux un laissez-passer au nom de Sever (Edouard), de Badonviller. Les neuf autres victimes sont inconnues. On croit que ce sont des habitants de Badonviller qui ont été amenés par les Allemands sur le territoire de Gerbéviller, pour y être fusillés.

Dans les rues et dans les maisons, pendant la journée de carnage, les scènes les plus tragiques se sont produites.

A Gerbéviller la martyre, ce fut le pillage, l'incendie et un massacre général des habitants de ce malheureux pays, plus de cent meurtres y furent commis, plus de quatre cent cinquante maisons y furent incendiées.

## Brûlé vif sous les yeux de sa mère.

Dans la matinée, des ennemis pénètrent chez les époux Lingenheld, se saisissent du fils, âgé de trente-six ans, qui portait le brassard de la Croix-Rouge, lui lient les mains derrière le dos et le traînent dans la rue où ils le fusillent; puis ils reviennent chercher le père, un vieillard de soixante-dix ans. La dame Lingenheld prend alors la fuite. En se sauvant, elle voit son fils étendu sur le sol. Comme le malheureux remue encore, des Allemands l'arrosent de pétrole, auquel ils mettent le feu, en présence de la mère terrifiée. Pendant ce temps, on conduit Lingenheld père à « la Prêle », où il est exécuté.

Au même moment, des soldats frappent à la porte d'une maison occupée par le sieur Dehan, sa femme et sa belle-mère, la veuve Guillaume, âgée de soixante-dix-huit ans. Celle-ci, qui va leur ouvrir, est fusillée à bout portant et tombe dans les bras de son gendre qui accourt derrière elle. « Ils m'ont tuée, s'écrie-t-elle, portez-moi dans le jardin. » Ses enfants lui obéissent, l'installent au fond du jardin, avec un oreiller sous la tête et une couverture sur les jambes, puis vont eux-mêmes s'étendre le long d'un mur pour éviter les projectiles. Au bout d'une heure, quand la dame Guillaume est morte, sa fille l'enveloppe dans sa couverture et lui place un mouchoir sur le visage. Presque aussitôt, les Allemands font irruption dans le jardin. Ils emmènent Dehan, pour le fusiller, à « la Prêle » et conduisent sa femme sur la route de Fraimbois, où elle trouve une quarantaine de personnes, principalement des femmes et des enfants, entre les mains de l'ennemi, et où elle entend un officier d'un grade élevé crier : « Il faut fusiller ces enfants et ces femmes. Tout cela doit disparaître. » La menace ne fut pourtant pas suivie d'effet. Rendue le lendemain à la liberté, Mme Dehan put rentrer à Gerbéviller vingt et un jours plus tard. Elle est convaincue, et tous ceux qui ont vu le cadavre partagent cette opinion, que le corps de sa mère a été profané. Elle l'a, en effet, retrouvé étendu sur le dos, les jupes relevées, les jambes écartées et le ventre ouvert.

A l'arrivée des Allemands, le sieur Perrin et ses deux filles, Louise et Eugénie, étaient allés se réfugier dans leur écurie. Des soldats y pénétrèrent et l'un d'eux, apercevant la jeune Louise, lui tire à bout portant un coup de fusil à la tête. Eugénie parvient à s'échapper, mais son père est arrêté dans sa fuite, placé parmi les victimes qu'on conduit à « la Prêle » et fusillé avec elles.

## Bavarois sacrilèges.

Le sieur Yong, qui sort pour mettre son cheval au manège, est abattu devant chez lui. Les Allemands, dans leur fureur, tuent le cheval après le maître et mettent le feu à la maison. D'autres soulèvent la trappe d'une cave dans laquelle sont cachées plusieurs personnes et tirent des coups de fusil dans la direction de celles-ci. La dame Denis Bernard et le jeune Parmentier, âgé de sept ans, sont blessés.

Vers cinq heures du soir, la dame Rozier a entendu une voix suppliante crier : « Pitié, pitié ! » Ces cris venaient de l'une des deux granges voisines, appartenant aux sieurs Poinsard et Barbier. Or, un individu qui servait d'interprète aux Allemands a déclaré à une dame Thiébaut, que ceux-ci s'étaient vantés d'avoir brûlé vif, dans l'une de ces granges, un père de famille de cinq enfants, malgré ses supplications et ses appels à leur pitié. Cette déclaration est d'autant plus impressionnante qu'on a trouvé dans la grange Poinsard les débris d'un corps humain carbonisé.

A côté de ce carnage, d'innombrables actes de violence ont été commis. La femme d'un mobilisé, la dame X..., a été violée par un soldat, dans le corridor de ses parents, tandis que sa mère, sous la menace d'une baïonnette était obligée de se sauver.

Le 29 août, la supérieure de l'hospice, sœur Julie, dont le dévouement a été admirable, s'étant transportée à l'église paroissiale pour se rendre compte, avec un prêtre mobilisé, de l'état intérieur de l'édifice, constata que la porte en acier du tabernacle avait été l'objet d'une tentative d'effraction. Les Allemands, pour parvenir à s'emparer d'un vase sacré, avaient tiré des coups de fusil autour de la serrure. La porte était traversée en plusieurs endroits et le passage des balles y avait formé des trous presque symétriques, ce qui prouvait qu'on avait tiré à bout portant. Quand la religieuse l'ouvrit, elle trouva le ciboire perforé.

Les excès et les crimes qui ont été commis à Gerbéviller sont principalement l'œuvre des Bavarois. Les troupes qui s'y sont livrées étaient sous le commandement du général Clauss, dont la brutalité nous a aussi été signalée ailleurs.

## Un prêtre fusillé.

Le 22 août, les Allemands incendièrent une partie du village de Crévic, à l'aide de torches et de fusées. Soixante-seize maisons furent brûlées, notamment celle de M. le général Lyautey, que les incendiaires, sous la conduite d'un officier, avaient envahie, en réclamant à grands cris « Madame et Mademoiselle Lyautey, pour leur couper le cou ». Un capitaine menaça le sieur Vogin, en lui mettant son revolver sur la gorge, de le fusiller et de le jeter dans les flammes, avec un habitant auquel, disait-il, « on avait fait sauter la cervelle ». Il faisait ainsi allusion à la mort d'un vieux rentier, M. Liégey, âgé de soixante-dix-huit ans, qui fut retrouvé dans les décombres, avec une balle sous le menton. « Venez voir, ajouta l'officier, la propriété du général Lyautey, qui est au Maroc, qui brûle. » Pendant ce temps, un ouvrier nommé Gérard, est contraint, baïonnette au dos, de monter dans son grenier. Là, les Allemands mettaient le feu à un tas de fourrage et obligeaient le sieur Gérard à rester auprès du brasier. Quand les soldats, chassés par la chaleur intolérable, se furent retirés, il put s'échapper par une petite ouverture, mais il avait déjà une joue fortement brûlée.

A Deuxville, où l'ennemi incendia volontairement quinze maisons, le maire Bajolet et le curé Thiriet furent arrêtés. L'abbé Marchal, curé de Crion, les ayant vus tous deux, dans sa paroisse, aux mains des Allemands, s'approcha de son confrère et lui demanda la raison de son arrestation. Celui-ci répondit : « J'ai fait des signes. » Après lui avoir donné un peu de pain, l'abbé Marchal se retira; mais à peine avait-il fait une trentaine de pas, qu'il entendait une fusillade. C'étaient les deux prisonniers qu'on venait d'exécuter. Le lendemain, un officier qui parlait parfaitement notre langue, et qui disait avoir été, pendant huit ans, attaché à l'ambassade d'Allemagne à Paris, déclara à l'abbé Marchal que le curé de Deuxville avait fait des signes, et l'avait avoué. « Quant au maire, ajouta-t-il, le pauvre diable, je crois bien qu'il n'avait rien fait. »

A Maixe, les Allemands ont incendié trente-six maisons et ont massacré, toujours sous prétexte qu'on avait tiré sur eux, les sieurs Gauçon, Demange, Jacques, Thomas, Marchal, Chaudre, Grand, Simonin, Vaconet et la dame

Beurton. Gauçon, arraché de chez lui, fut précipité sur un tas de fumier, où un soldat le tua d'un coup de fusil au ventre. Demange, blessé aux deux genoux, dans sa cave, parvint à se traîner jusqu'à sa cuisine. Les Allemands mirent le feu à la maison, empêchèrent la dame Demange de porter secours à son mari et laissèrent brûler leur victime dans l'immeuble incendié.

Mme Beurton était, elle aussi, dans sa cave, avec sa famille, quand deux soldats, dont l'un portait une lanterne et l'autre un fusil, y descendirent. Le second tira au hasard sur le groupe et abattit la malheureuse femme. Vaconet fut frappé d'une balle au côté, au pied de l'escalier du sieur Rediger; quant à Simonin, il fut emmené dans la direction de Drouville. Quelques jours après, une note faisant connaître qu'il avait été fusillé et que ses dernières volontés étaient consignées dans un document placé entre les mains du commandant général de la 3e division bavaroise, fut remise par un officier allemand à M. Thouvenin, conseiller municipal de la commune. Cette note, dont une copie nous a été délivrée, porte la signature d'un officier du 3e régiment de chevau-légers. Les autres victimes de Maixe ont reçu la mort dans des circonstances qu'il ne nous a pas été possible de préciser.

## Ignoble scène.

Dans le même village, la demoiselle X..., âgée de vingt-trois ans, a été violée par neuf Allemands pendant la nuit du 23 au 24 août, sans qu'un officier qui couchait au-dessus de la chambre dans laquelle se passait cette ignoble scène, jugeât à propos d'intervenir, bien qu'il entendît certainement les cris de la jeune fille et le bruit fait par les soldats.

Le château de Beauzemont a été envahi le 22 août. Vers le quinzième jour de l'occupation, sont arrivées des automobiles dans lesquelles étaient installées plusieurs femmes d'officiers de l'état-major allemand. On y a chargé tout ce qui avait été volé dans le château, notamment de l'argenterie, des chapeaux et des robes de soie. Le 21 octobre, le lieutenant-colonel, commandant le ...e régiment d'infanterie française a pris possession de cet édifice. Il l'a trouvé dans un état de désordre et de saleté repoussant. Les meubles étaient ouverts et fracturés, le plancher de la salle de billard était couvert de matière fécale. Dans la chambre à coucher, qui avait été habitée par le général allemand chef de la 7e division de réserve, régnait une odeur infecte. Le placard placé à la tête du lit contenait du linge de toilette et des rideaux de mousseline remplis d'excréments.

A Deuxville, M. Bajolet, maire, et le curé Thiriet sont emmenés pour être fusillés. L'abbé Marchal, curé de Crion, rencontrant le cortège, veut adresser quelques paroles à son confrère, mais il est brutalement écarté par un soldat allemand.

A Baccarat, l'armée ennemie n'a massacré personne, mais elle a effectué, le 25 août, un pillage général, après avoir, pour pouvoir opérer plus tranquillement, donné l'ordre à la population de se rassembler à la gare. Ce pillage a été dirigé par les officiers. Des pendules, des meubles divers et des objets d'art furent enlevés; puis, quand les habitants furent rentrés chez eux, on leur enjoignit de nouveau d'en sortir au bout d'une heure, en les prévenant qu'on allait procéder à l'incendie de la ville. En effet, tout le centre de l'agglomération fut la proie des flammes. Le feu, qui fut mis à l'aide de torches et de pastilles, dévora cent douze immeubles. Quatre ou cinq seulement furent incendiés par les obus. Après le sinistre, des sentinelles empêchèrent les propriétaires d'approcher des ruines de leurs habitations et quand les décombres furent refroidis, les Allemands les fouillèrent eux-mêmes pour dégager les entrées de caves. Après cette opération, le général Fabricius, commandant l'artillerie du 14e corps badois, dit à M. Renaud, qui faisait fonctions de maire : « Je ne croyais pas qu'il y avait autant de vins fins à Baccarat. Nous en avons pris plus de 100.000 bouteilles. » Il est juste d'ajouter qu'à la cristallerie, nos ennemis ont bien voulu faire preuve d'une certaine probité relative, car ils se sont bornés, tout en jouant avec leurs revolvers, à exiger sur le prix des marchandises dont ils se sont rendus acquéreurs, des réductions de 50 à 75 0/0.

A Jolivet, le 22 août, le sieur Villemin sortait de la maison de M. Cohan, avec celui-ci et un sieur Richard, quand des soldats assaillirent ce dernier. Atteint d'un coup de crosse à la tête, Richard tomba, tandis que Cohan rentrait précipitamment chez lui. Après avoir suivi pendant un instant Richard, que ses agresseurs emmenaient, Villemin alla soigner son bétail. Vers cinq heures du soir, il sortit pour se rendre chez un voisin, mais il fut immédiatement arrêté et fusillé. Les assassins lancèrent son corps dans un jardin, par-dessus une palissade.

Le 25, dans la même commune, le logis de Mme Morin, rentière, a été pillé. Les Allemands y ont dérobé du linge, de l'argenterie, des fourrures et des chapeaux. Le surlendemain, ils ont incendié la maison en allumant des fragments de bois provenant de caisses d'emballage.

## Pillage et meurtres.

A Bonvillers, les 21, 23 et 25 août, ils ont mis le feu à vingt-six immeubles, en se servant de pétards et de bougies.

A Einville, le 22 août, jour de leur arrivée, ils ont fusillé un conseiller municipal, M. Pierson, qu'ils accusaient, mensongèrement, d'avoir tiré sur eux. Ils ont également exécuté sans motif les sieurs Bouvier et Barbelin qu'ils avaient emmenés à proximité de la commune.

Ils ont aussi massacré un braconnier nommé Pierrat, qu'ils avaient trouvé porteur d'un sac contenant un épervier et un fusil démonté. Le malheureux a été, par eux, odieusement martyrisé. Après l'avoir traîné hors du village, ils l'ont ramené devant chez la dame Famôse. Cette femme l'a vu passer au milieu d'eux. Il avait le nez presque tranché. Ses yeux étaient hagards et, selon l'expression du témoin, il semblait avoir vieilli de dix ans en un quart d'heure. A ce moment, un officier a donné un ordre, huit soldats sont partis avec le prisonnier et quand ils sont revenus sans lui, dix minutes après, l'un d'eux a dit en français : « Il était mort avant. »

M. Dieudonné, maire d'Einville, a été emmené comme otage, avec son adjoint et un autre de ses concitoyens, le 12 septembre, par les troupes ennemies, au moment où elles ont battu en retraite. Elles l'ont envoyé en Alsace, puis en Allemagne, où on l'a gardé jusqu'au 24 octobre, ainsi que ses compagnons. Avant son arrestation, et pendant un combat qui avait lieu autour de sa commune, M. Dieudonné avait été obligé, malgré ses protestations, de requérir plusieurs de ses administrés pour procéder à l'inhumation des morts. Trois des habitants d'Einville, employés de force à cette besogne, ont été blessés par des balles; un autre, le sieur Noël, a été tué par un éclat d'obus.

La ferme de Remonville, située sur le territoire du même village, a été incendiée. Les femmes ont pu se sauver. Quant aux quatre hommes qui travaillaient dans ce domaine, ils ont dû être tous assassinés. Les cadavres de deux d'entre eux, Victor Chaudre et Thomas Prosper, ont été retrouvés, deux mois plus tard, enterrés ensemble à proximité des bâtiments brûlés. Tous deux étaient décapités et la tête de Thomas était broyée.

A Sommerviller, le passage de l'ennemi, le 23 août, a été marqué par le pillage des cafés, des épiceries, ainsi que de plusieurs maisons particulières, et par le meurtre des sieurs Robert, âgé de soixante-dix ans, et Harau, âgé de soixante-cinq ans, qui ont été tués à coups de fusil. Le second, au moment où il a reçu la mort, était tranquillement en train de manger un morceau de pain.

A Rehainviller, le 26 août, les Allemands ont empoigné dans la rue le curé Barbot ainsi que le sieur Noircler. Les cadavres de ces deux hommes ont été retrouvés longtemps après, enterrés dans les champs, à quelques centaines de mètres du village. Leurs corps étaient en pleine décomposition. On n'a pas pu, pour cette raison, relever les blessures que le curé avait reçues; quant à Noircler, sa tête était placée dans la fosse à côté du reste de son corps, à la hauteur de la hanche.

Dans cette commune, vingt-sept maisons ont été brûlées. On n'a pas vu mettre le feu, mais on a ramassé, après le sinistre, un certain nombre de baguettes fusantes dont les Allemands se servent fréquemment pour allumer l'incendie et que les paysans appellent des *macaronis*.

A Lamath, le 24 août, les Bavarois ont fusillé un vieillard de soixante-dix ans, le sieur Louis, qui était sorti devant sa porte pour satisfaire un besoin naturel. Le malheureux a reçu au moins dix balles dans la poitrine. Son gendre, qui est atteint d'une tuberculose avancée, a été pris et emmené. On n'a de lui aucune nouvelle. Deux autres habitants de la commune, qui ont été faits prisonniers en même temps que lui sont actuellement retenus en Bavière.

## “ Que voulez-vous ? c'est la guerre. ”

M. l'abbé Mathieu, curé de Fraimbois, a été arrêté, le *29* août, sous le prétexte faux qu'on avait tiré sur les Allemands dans sa paroisse. Au cours de sa captivité, qui a duré seize jours, il a assisté à l'assassinat de deux de nos compatriotes : M. Poissonnier, de Gerbéviller, et M. Victor Meyer, de Fraimbois. Le premier, un infirme qui se tenait à peine sur ses jambes était accusé d'avoir suivi les armées pour se livrer à l'espionnage ; le second avait été arrêté parce que sa fillette avait ramassé un morceau de fil téléphonique brisé par des shrapnells. Un matin, vers six heures, les officiers bavarois procédèrent à un simulacre de jugement, en lisant un document rédigé en allemand et en faisant voter huit ou neuf jeunes lieutenants auxquels on avait remis des bulletins. Condamnés à l'unanimité, les deux hommes furent avertis qu'ils allaient mourir et le prêtre fut invité à leur donner les secours de la religion. Ils protestèrent de leur innocence, en suppliant et en pleurant, mais on les contraignit à s'agenouiller contre un talus de la route, et un peloton de vingt-quatre soldats, placés sur deux rangs, fit feu sur eux, par deux fois.

Le village de Fraimbois a été pillé et les objets volés ont été chargés sur des voitures. L'abbé Mathieu, s'étant plaint aux généraux Tanner et Clauss de l'incendie de son rucher, reçut du premier cette simple réponse : « Que voulez-vous ? C'est la guerre ! » Le second ne lui répondit même pas.

A Mont, un capitaine assistait, monocle à l'œil, à la sortie de leur maison, de M^me^ Winger, âgée de vingt-trois ans, accompagnée d'un domestique, d'une jeune fille et d'un jeune homme ; trouvant cette sortie probablement trop lente, il commanda brusquement à ses soldats de faire feu et les quatre victimes s'abattirent mortellement frappées.

A Mont, trois maisons ont été brûlées avec du pétrole. A Hériménil, le 29 août, l'ennemi qui y était arrivé le 24, s'est rendu coupable de faits monstrueux. Les habitants ont été invités à se rendre dans l'église et y ont été maintenus pendant quatre jours, tandis que leurs maisons étaient pillées, et que les Français bombardaient le village. Vingt-quatre personnes ont été tuées par un obus, à l'intérieur de l'édifice. Comme une femme qui avait pu, à grand'peine, sortir un instant, revenait avec un peu de lait pour les enfants, un capitaine, furieux de voir qu'on avait laissé passer cette prisonnière, s'écria : « Je ne voulais pas qu'on ouvrît la porte. Je voulais que les Français tirassent sur leur propre peuple. »

Ce même capitaine venait d'ailleurs de commettre, peu de temps auparavant, un acte de cruauté révoltant. Ayant assisté, le monocle à l'œil, à la sortie jugée par lui trop lente de Mme Winger, jeune femme de vingt-trois ans, qui, pour obéir à l'ordre général, se dirigeait vers l'église, avec ses domestiques, une fille et deux jeunes hommes âgés tous trois de dix-huit ans, il avait, par un mot bref, commandé à ses soldats de faire feu, et les quatre victimes s'étaient abattues, mortellement frappées. Les Allemands laissèrent les cadavres dans la rue pendant deux jours.

Le lendemain, ils fusillèrent le sieur Bocquel, qui, ignorant les instructions données, était resté dans sa maison. Ils tuèrent également chez lui M. Florentin, âgé de soixante-dix-sept ans. Ce vieillard, qui reçut plusieurs balles dans la poitrine, fut probablement massacré à cause de sa surdité qui l'empêcha de comprendre les exigences de l'ennemi.

## Assassiné devant son fils.

Dans cette commune, vingt-deux maisons ont été brûlées avec du pétrole. Avant de mettre le feu à celle de la dame Combeau, des soldats, en piochant le sol de la cave, ont déterré une somme de 600 francs, qu'ils se sont appropriée.

Le 23 août, le jeune Simonin, âgé de quinze ans et demi, demeurant à Hadiviller, revenait de Dombasle, quand les Allemands, après l'avoir mis en joue, s'emparèrent de sa personne. Ils commencèrent par le rouer de coups, puis il fut emmené par un soldat, sur l'ordre d'un officier. Chemin faisant, il aperçut à une cinquantaine de mètres de lui son père qui l'appelait. Son gardien l'attacha alors à un poteau télégraphique, et fit feu sur Simonin père qui tomba en vomissant le sang et expira presque sur-le-champ. Le jeune homme put, pendant ce temps, se dégager de ses liens, et parvint à prendre la fuite, non sans avoir essuyé plusieurs coups de fusil, dont l'un lui déchira sa veste.

A Magnières, où un immeuble seulement fut brûlé, un Allemand armé de son fusil pénétra, vers la fin du mois d'août, dans la maison du sieur Laurent, et obligea la jeune ..., âgée de douze ans, qui y était réfugiée, à l'accompagner dans une chambre. A deux reprises, il la viola, malgré les plaintes et les cris qu'elle ne cessait de faire entendre. La pauvre petite était absolument terrorisée. Le soldat, du reste, était si menaçant, que le sieur Laurent n'osa pas intervenir.

A Croismare, le 25 août, quand les Allemands durent battre en retraite, furieux de leur échec, ils se mirent à tirer sur toutes les personnes qu'ils rencontrèrent. Un officier de uhlans, après avoir tué d'un coup de revolver, dans les champs, le sieur Kriegel, qui était allé arracher des pommes de terre, aperçut MM. Matton et Barbier revenant de leur travail. S'étant approché d'eux, sur son cheval, il leur ordonna de s'arrêter et de se placer contre un talus. Les deux paysans pensèrent d'abord qu'il voulait ainsi les mettre à l'abri des coups de fusil qui éclataient de divers côtés, mais leur illusion se dissipa, quand ils le virent charger son revolver. Au cours de cette opération, trois cartouches tombèrent et le uhlan donna à Matton et à Barbier l'ordre de les ramasser. Ce dernier, en lui en remettant une, lui dit : « Ne nous faites pas de mal, nous venons de travailler dans les champs. — Nicht pardon, cochon de Franzoze, répondit l'officier : capout, » et il fit feu à deux reprises. Matton, qui s'était brusquement effacé, ne fut, grâce à ce mouvement, atteint qu'à l'épaule droite, au lieu de l'être en pleine poitrine. Quant à Barbier, une balle lui traversa les deux pouces et lui laboura l'index gauche.

A Réméréville, le 7 septembre, l'ennemi, prétendant faussement que du clocher les habitants avaient tiré sur lui, a mis le feu aux maisons à l'aide de fusées. Quelques immeubles seulement ont échappé aux flammes. Avant d'être incendié, le village a été bombardé par les Allemands, qui ont pris particulièrement pour objectif une ambulance dont ils voyaient parfaitement le drapeau.

La commune de Drouville, occupée deux fois, a été fortement pillée. Le 5 septembre, l'envahisseur y a brûlé trente-cinq maisons à l'aide de torches et, sans doute aussi, avec du pétrole, car il a abandonné sur les lieux un bidon qui en contenait vingt-cinq ou trente litres.

## Deux religieuses odieusement souillées.

A Courbesseaux, il y eut également, le 5 septembre, incendie et pillage. Dix-neuf maisons ont été brûlées. Le sieur Alix, qui s'efforçait d'éteindre le feu allumé chez lui dans un amas de luzerne, essuya plusieurs coups de fusil et fut obligé de se sauver.

Enfin, le 23 août, à Erbéviller, un capitaine saxon trouva un moyen très pratique de se procurer de l'argent. Ayant fait rassembler tous les hommes du village, il tenta vainement, d'abord en les menaçant de les faire fusiller, d'obtenir de quelqu'un d'entre eux la déclaration qu'on avait tiré sur ses sentinelles, bien qu'il sût pertinemment que le fait n'était pas exact; puis il les enferma dans une grange. Dans la soirée, il fit venir la femme du sieur Jacques, ancien instituteur, l'un des prisonniers, et lui dit : « Je ne suis pas certain que se soient ces hommes qui aient tiré. Ils seront libres demain matin, si vous pouvez me verser 1.000 francs dans quelques instants. » Mme Jacques donna la somme. Sur sa demande, il lui en fut délivré un reçu, et les otages furent mis en liberté.

Le récépissé rédigé par l'officier est ainsi conçu : « Erbéviller, 23 août 1914. Quittance. *Pour pénitence d'être suspect* d'avoir tiré sur des sentinelles allemandes, dans la nuit du

22-23 août, j'ai reçu de la commune Erbéviller 1.000 francs (mille francs).

« Baron (illisible) haupt. reit. regim. »

Dans une commune du département de Meurthe-et-Moselle, deux religieuses ont été, pendant plusieurs heures, exposées sans défense à la lubricité d'un soldat qui, en les terrorisant, les a obligées à se dévêtir, et, après avoir contraint la plus âgée à lui enlever ses bottes, s'est livré sur la plus jeune à des pratiques obscènes. Les engagements que nous avons pris ne nous permettent pas de faire connaître les noms des victimes de cette scène abominable, ni celui du village dans lequel elle a eu lieu, mais les faits nous ont été révélés sous la foi du serment, par des témoins dignes de la plus entière confiance, et nous prenons la responsabilité d'en certifier l'exactitude.

A Magny, près de Belfort, un enfant de sept ans s'amusant à mettre en joue une patrouille de hussards de la mort a été fusillé sur place.

## 136 maisons brûlées à Damèvre.

Pendant nos séjours à Nancy et à Lunéville, nous avons eu l'occasion de recevoir plusieurs témoignages, relatifs à des crimes commis par les Allemands dans des localités que leurs troupes occupaient encore, et que la plupart des habitants avaient dû évacuer. Les plus cruels de ces faits ont eu pour théâtre le village d'Emberménil. A la fin d'octobre, ou au commencement de novembre, une patrouille ennemie ayant rencontré dans les environs de cette commune une jeune femme, Mme Masson, dont l'état de grossesse était très apparent, l'interrogea sur le point de savoir s'il n'y avait pas de soldats français à Emberménil. Elle répondit qu'elle l'ignorait, ce qui était vrai. Les Allemands étant alors entrés dans le village, y furent reçus à coups de fusil par les nôtres. Le 5 novembre, un détachement du 4e régiment bavarois arriva, et rassembla tous les habitants devant l'église, puis un officier demanda quelle était la personne qui avait trahi. Soupçonnant qu'il pouvait s'agir de la rencontre qu'elle avait faite quelques jours auparavant, et se rendant compte du danger que couraient ses compatriotes, Mme Masson, très courageusement s'avança, répéta ce qu'elle avait dit, et affirma qu'en le disant elle avait été de bonne foi. Immédiatement saisie, elle fut contrainte de s'asseoir sur un banc, à côté du jeune Dime, âgé de vingt-quatre ans, qui avait été pris au hasard, comme seconde victime. Toute la population demandait grâce pour l'infortunée, mais les Allemands furent inflexibles. « Un homme et une femme, dirent-ils, doivent être fusillés. Tel est l'ordre du colonel. Que voulez-vous? c'est la guerre. » Huit soldats, placés sur deux rangs, firent alors feu à trois reprises sur les deux martyrs, en présence de tout le village. La maison du beau-père de Mme Masson fut ensuite livrée aux flammes. Celle du sieur Blanchin avait été incendiée quelques instants auparavant.

La dame Millot, de Domèvre-sur-Vezouze, nous a fait le récit du meurtre qui a été commis sur la personne de son neveu, Maurice Claude, âgé de dix-sept ans et dont elle a été le témoin oculaire. Le 24 août, au moment de l'arrivée des Allemands à Domèvre, ce jeune garçon se trouvait, avec sa famille, au bas d'un escalier, dans la maison de ses parents, quand il s'aperçut que des soldats le mettaient en joue, de la rue. Il fit quelques pas pour se garer, mais il ne put se mettre à l'abri, et fut atteint de trois balles. Blessé au ventre, à la fesse et à la cuisse, il succomba trois jours plus tard, après avoir fait preuve d'une admirable résignation. Quand il se sentit perdu, il dit à sa mère désolée : « Je puis bien mourir pour mon pays. »

Le même jour, les sieurs Auguste Claude et Adolphe Claude, ce dernier âgé de soixante-quinze ans, furent également tués, et cent trente-six maisons du village furent brûlées au moyen de cartouches incendiaires. Enfin deux habitants, les sieurs Breton et Labart, furent pris comme otages. On ne sait ce qu'ils sont devenus depuis.

## Atrocités à Audun-le-Roman.

M. Véron, ancien instituteur à Audun-le-Roman, arrondissement de Briey, a déposé devant nous, dans les termes suivants :

« Le 21 août, vers cinq heures du soir, les Allemands, qui occupaient depuis dix-sept jours le village d'Audun-le-Roman, se mirent, sans motif, à tirer sur les maisons des coups de fusil et de mitrailleuse. Quatre femmes, Mlle Roux, Mlle Tréfel, Mme Zapolli et Mme Giglio, ont été blessées. Mlle Tréfel a été atteinte pendant qu'elle donnait à boire à un soldat allemand. Trois hommes ont été tués, M. Martin, cultivateur, âgé de soixante-dix-huit ans, dont la maison a été brûlée, a été emmené hors de chez lui et fusillé dans la rue, en présence de sa femme et de ses enfants; M. Chary, âgé de cinquante-cinq ans, chef cantonnier, fuyait devant l'incendie, en tenant sa femme par la main, quand il a été tué à coups de fusil. J'ai vu son cadavre, qui était criblé de blessures; M. Samen (Ernest) a reçu cinq balles de revolver au moment où il était en train de fermer la porte de sa remise.

« J'ai vu l'ennemi mettre le feu au café Matte, avec du pétrole. Mme Matte étant sortie, ayant à la main un petit sac qui contenait ses économies, environ 2.000 francs, a été dévalisée par un officier allemand, qui lui a arraché son sac. »

Le témoin a ajouté que le maire avait dû être enlevé par une patrouille, qu'en tout cas il avait disparu.

A Arracourt, le sieur Maillard a été tué dans les champs, par une balle qui l'a traversé de part en part, et cinq maisons ont été incendiées.

Le village de Brin-sur-Seille a été presque entièrement détruit par le feu allumé avec des cartouches et des rondelles fusantes. Enfin la femme d'un mobilisé de Raucourt, la dame X..., nous a déclaré qu'elle avait été violée chez elle, en présence de son petit garçon, âgé de trois ans et demi, par un soldat qui lui avait mis la pointe de sa baïonnette sur la poitrine, pour vaincre la résistance qu'elle lui opposait.

---

# OISE

Dans le département de l'Oise, nous avons relevé les faits suivants :

Quand les Allemands pénétrèrent, le 31 août, dans le village de Monchy-Humières, un groupe d'une quinzaine de personnes se tenait dans la rue et les regardait arriver. Aucun acte de provocation ne fut tenté à l'égard de l'envahisseur, mais un officier crut entendre quelqu'un prononcer le mot « Prussien ». Aussitôt, il fit sortir trois dragons de la colonne, et leur ordonna de tirer. Le jeune Gaston Dupuis fut tué, le sieur Grandvalet eut l'épaule droite traversée par une balle, et une petite fille de quatre ans, appartenant à une famille de réfugiés originaire de Verdun, fut légèrement blessée au cou.

Le lendemain, la commune de Ravenel fut pillée, et les objets volés furent emportés dans une voiture. Le nommé Vilette, qui passait à bicyclette sur une route, à proximité du village, rencontra un automobile, monté par plusieurs Allemands. Ceux-ci se mirent à tirer sur lui, sans raison. Il sauta alors à bas de sa machine et prit la fuite à travers champs, mais une balle l'arrêta dans sa course. Il est mort quelques heures après, laissant une veuve et deux enfants.

Le même jour, près de Méry, l'ennemi ouvrit le feu sur des pièces d'artillerie anglaise qui étaient en batterie au lieudit « le Bout-de-la-Ville », et un combat s'engagea entre des corps de cavalerie des deux armées. A ce moment, les Allemands envahirent la sucrerie, qui est située dans une dépendance de la commune. Ils se saisirent du directeur, de sa famille, ainsi que de tout le personnel de l'usine, et pendant trois heures que dura l'engagement, les firent marcher parallèlement à eux, pour se protéger contre la fusillade qui les prenait de flanc. Parmi les vingt-cinq personnes qui furent si dangereusement exposées, se trouvaient des femmes et des enfants. Une ouvrière, Mme Jeansenne, fut tuée, et le contremaître Courtois reçut une balle qui lui traversa le bras gauche. A dix heures du soir, l'ennemi revint en force dans le village. Il en partit le lendemain, après avoir brûlé une maison, et avoir opéré un pillage général.

### Ils tirent sur des blessés.

Le 2 septembre, il fit son entrée à Senlis, où il fut accueilli à coups de fusil par des troupes d'Afrique. Prétendant que c'étaient des civils qui avaient tiré sur lui, il mit le feu à deux quartiers de la ville. Cent cinq maisons furent brûlées de la manière suivante : les Allemands arrivaient en colonne dans les rues; au coup de sifflet d'un officier, certains d'entre eux sortaient des rangs, pour enfoncer les portes des habitations et les devantures des magasins; d'autres venant ensuite allumaient l'incendie avec des grenades et des fusées; enfin, des patrouilles qui les suivaient lançaient avec leurs fusils des projectiles incendiaires dans les immeubles où le feu ne prenait pas assez vite.

Tandis que nos soldats tiraient aux abords de la ville, les otages emmenés dans les rues par les Allemands, qui suivaient prudemment les trottoirs, étaient contraints à marcher au milieu de la chaussée. Le sieur Levasseur, la dame Dauchy et sa petite fille, âgée de cinq ans, les sieurs Pinchaux, Minouflet et Leymarie, furent au nombre des otages qu'on exposa ainsi à la mort. Près de l'hôpital, Levasseur fut tué. Bientôt Leymarie tomba à son tour, mortellement frappé. En le transportant au pied d'un mur, Minouflet fut atteint d'une balle au genou. Un officier s'approcha de lui, demanda qu'il lui fit voir sa blessure, et soudain, lui tira à bout portant un coup de revolver dans l'épaule. Au même endroit, un témoin vit un autre officier en train de martyriser un soldat français blessé, en lui portant des coups de bâton au visage.

Pendant ce temps, plusieurs meurtres sont commis. Le sieur Simon est traîné hors de chez lui, et tué d'un coup de fusil au côté. A deux heures, des Allemands enfoncent la porte de la maison du sieur Mégret. Celui-ci s'avance, promet de leur donner tout ce qu'ils demanderont, et leur apporte dix bouteilles de vin. Il est assassiné d'un coup de feu en pleine poitrine. Les sieurs Ramu, Vilcoq, Chambellant et Gaudet, poussés par la curiosité, sont allés regarder l'incendie du magasin à fourrages, auquel les troupes françaises ont mis le feu en se retirant. Des soldats ennemis tirent sur eux, à plusieurs reprises. Ramu est blessé, Gaudet est tué raide. Chambellant reçoit deux balles, l'une à la main droite, l'autre au-dessous de l'aine, et il en meurt au bout de huit jours. Les sieurs Simon, Ecker, Chéry, Leblond, Rigauld, Louis et Momus sont également tués dans Senlis.

A trois heures, le maire, M. Odent, est arrêté à l'hôtel de ville, sous le prétexte, contre lequel il proteste, que des civils auraient tiré sur les troupes allemandes. Pendant qu'on l'emmène,

A Senlis, le maire, M. Odent, est arrêté à l'hôtel de ville par les Allemands, sous le prétexte que des civils auraient tiré sur leurs troupes. Sur l'ordre de leurs officiers, deux soldats allemands l'entraînent et lui mettent deux balles dans la tête.

le secrétaire de la mairie le rejoint auprès de l'hôtel du Grand-Cerf, et lui propose d'aller chercher les adjoints. « C'est inutile, répond-il, ce sera assez d'une victime. » Conduit à Chamant, le magistrat, pendant le trajet, est l'objet de brutalités odieuses. On lui arrache ses gants, pour les lui jeter au visage, on lui prend sa canne et on l'en frappe violemment à la tête. Enfin, vers onze heures, on le fait comparaître devant trois officiers.

L'un d'eux l'interroge, persiste à l'accuser d'avoir tiré ou fait tirer sur les Allemands et le prévient qu'il va mourir. M. Odent s'approche alors de ses compagnons de captivité, leur remet ses papiers et son argent, leur serre les mains et, très dignement, leur fait ses adieux. Il revient ensuite auprès des officiers. Sur l'ordre de ceux-ci, deux soldats l'entraînent à une dizaine de mètres et lui mettent deux balles dans la tête. Les meurtriers creusent ensuite légèrement le sol et jettent sur le cadavre une couche de terre si mince que les pieds n'en sont pas recouverts. Quelques heures auparavant, à 200 mètres de là, six autres habitants de Senlis, les sieurs Pommier, Barbier, Aubert, Cottereau, Rigault, Arthur et Dewert avaient été déjà fusillés et enterrés.

Dans la même soirée, le sieur Jeandin, boulanger, arrêté à trois ou quatre heures de l'après-midi sans motif, puis conduit par le 49e régiment poméranien d'infanterie à Villers-Saint-Frambourg, y était attaché à un poteau de pâture et lardé de coups de baïonnette.

Il va de soi que la ville de Senlis a été pillée. Tandis qu'il mettait à sac les maisons, l'ennemi se plaisait à exciter les mauvais instincts de la populace, en appelant des femmes de condition misérable pour leur donner une part du butin.

A Villers-Saint-Frambourg, la femme X... fut violée par un soldat qui s'était introduit chez elle. Après l'attentat, elle se réfugia chez des voisins. La précaution était utile, car de nombreux camarades de l'agresseur firent irruption dans la maison, et furieux de n'y pas rencontrer la victime qu'ils cherchaient, brisèrent les vitres et s'emparèrent des poules, des lapins et du porc qu'ils trouvèrent dans les dépendances de l'habitation.

Le 3 septembre, à Creil, sous la direction d'un capitaine qui avait voulu contraindre les sieurs Guillot et Demonts à lui indiquer les demeures des plus riches propriétaires, les Allemands se répandirent dans les maisons, en brisant portes et fenêtres et s'y livrèrent au pillage, avec la complicité de leurs chefs, auxquels ils venaient à chaque instant montrer les bijoux dont ils s'étaient emparés. Demonts et Guillot furent ensuite conduits dans la campagne, où ils rejoignirent une centaine d'habitants de Creil, de Nogent-sur-Oise et des environs. Tous ces prisonniers durent subir la honte et la douleur de travailler contre la défense de leur patrie, en coupant un champ de maïs qui pouvait gêner le tir de l'ennemi, et en creusant des tranchées destinées à abriter les Allemands. Durant sept jours, on les garda sans leur donner de nourriture. Des femmes du pays purent, heureusement, les ravitailler un peu.

Pendant ce temps, dans la ville, plusieurs personnes étaient mises à mort. Le sieur Parent, qui se sauve, est tué, rue Victor-Hugo, par le coup de feu d'un uhlan. Dès qu'il est tombé, des cavaliers se précipitent sur lui pour fouiller ses vêtements. Le sieur Alexandre a le crâne défoncé au carrefour de la rue Gambetta et de la rue Carnot. Des Allemands entrent chez le sieur Brèche, débitant de boissons. Trouvant sans doute qu'il ne les sert pas assez vite, ils l'entraînent dans la cour de la dame Egasse, sa voisine, où un officier, qui l'accuse d'avoir tiré sur des soldats, ordonne, malgré ses dénégations, qu'il soit fusillé sur-le-champ. Mme Egasse essaye de fléchir les bourreaux, mais elle reçoit l'ordre brutal de se retirer. De la chambre où elle s'est rendue, elle entend les détonations, et elle voit par la fenêtre le corps de Brèche étendu sur le sol. Quand elle est descendue, elle ne peut s'empêcher d'exprimer le chagrin qu'elle ressent. L'officier lui dit alors : « Un homme mort, nous n'y faisons pas attention, on en voit tant ! D'ailleurs, partout où l'on tire sur nous, nous tuons et nous brûlons. »

Un jeune homme, nommé Odener, chargé d'un sac de riz, avait été amené de Liancourt jusqu'à Creil. En arrivant sur la place de l'Église, exténué par la fatigue et par les mauvais traitements qu'il a endurés, il se débarrasse de son fardeau et tente de se sauver. Deux soldats l'ajustent, font feu et l'abattent. Un nommé Lebœuf, qui avait été son compagnon de captivité, est mort à Creil, au bout de quelques jours, à la suite d'une blessure reçue en route.

L'armée du général von Kluck est arrivée le 2 septembre à Crépy-en-Valois et y a défilé pendant quatre jours. La ville a été complètement pillée, sous les yeux des officiers. Les bijouteries, notamment, ont été dévalisées.

## Une prime aux soldats voleurs.

Dans une maison où logeait un général commandant, avec une douzaine d'officiers d'état-major, des vols importants de bijoux et de linge fin ont été commis. Presque tous les coffres-forts de Crépy ont été éventrés.

C'est le 3 du même mois, à Baron, qu'un artiste de grand talent, le compositeur Albéric Magnard, tira deux coups de revolver sur une troupe qui venait envahir sa propriété. Un soldat fut tué et un autre blessé. Les Allemands qui, dans tant d'endroits, s'étaient livrés sans motif aux pires cruautés, se contentèrent de brûler la villa de leur agresseur. Celui-ci se suicida pour ne pas tomber entre leurs mains. La commune néanmoins, fut pillée. M. Robert, notaire, volé de ses bijoux, de son linge et de quatorze cent soixante et onze bouteilles de vin, fut contraint d'ouvrir son coffre-fort, et de laisser un officier s'emparer de 8.300 francs que ce meuble contenait. Dans la soirée, il vit un autre officier qui portait aux doigts neuf bagues de femme, et dont les bras étaient ornés de six bracelets. Deux soldats lui racontèrent d'ailleurs que quand ils apportaient à leurs chefs un bijou quelconque, ils recevaient une prime de quatre marks.

Dans cette commune, Mme X..., jeune femme des plus honorables, fut violée successivement par deux soldats, en l'absence de son mari, qui est mobilisé. L'un de ces deux hommes dévalisa une armoire, pendant que son camarade, après lui, consommait son attentat.

A Mesnil-sur-Bulles, dans la soirée du 4 septembre, trois Allemands, dont deux étaient arrivés en voiture et le troisième à bicyclette, se présentèrent chez l'adjoint, le sieur Queste (Gustave). Celui-ci ne pouvant les comprendre, pria son cousin, M. Queste, professeur au lycée d'Amiens, de lui servir d'interprète. Après avoir rempli cet office, le professeur rentra chez lui. Au bout de quelques instants, ayant entendu une détonation, il sortit pour se rendre compte de ce qui se passait. Il se trouva alors en présence d'un des trois soldats auxquels il venait de parler dans la maison de son parent. Cet homme, qui était en état d'ivresse, tira sur lui et le tua.

Les trois mêmes soldats, en passant à Nourard-le-Franc, mirent le feu à sept maisons, avec des torches qu'ils avaient prises dans leur voiture. Quelques heures avant leur arrivée à Mesnil-sur-Bulles, une patrouille de uhlans avait déjà fait une reconnaissance dans cette dernière commune. Des cavaliers étaient entrés chez le sieur Queste (Amédée), en brisant une porte, y avaient fracturé des meubles, et s'étaient emparés de plusieurs bijoux, ainsi que d'une somme de 60 francs.

A Choisy-au-Bac, les Allemands, qui étaient dans le village depuis le 31 août, ont incendié volontairement, le 1er et le 2 septembre, quarante-cinq maisons, sous le prétexte absolument faux qu'on avait tiré sur eux, et avant de mettre le feu se sont livrés, en présence de leurs officiers, à un pillage général, dont le produit a été emporté dans des voitures volées aux habitants. Deux médecins militaires, portant le brassard de la Croix-Rouge, ont pillé eux-mêmes la maison de la dame Binder.

Un sieur Morel, ouvrier menuisier, étant dans son jardin, a reçu d'un soldat qui passait sur la route, un coup de fusil qui l'a atteint à l'aine. Il est mort le lendemain. Quatre jeunes gens ont été pris comme otages, et emmenés le 8 septembre. L'un d'eux a pu s'échapper. Son camarade, René Leclerc, a, dit-on, été fusillé à Besmé (Aisne); quant aux deux autres, on ne sait ce qu'ils sont devenus.

A Compiègne, où l'ennemi a séjourné du 31 août au 12 septembre, le château a été relativement épargné; les vols n'y ont pas été très importants. Mais un grand nombre d'immeubles ont été pillés. La maison du comte d'Orsetti, située en face du palais, a été littéralement mise à sac, surtout par les sous-officiers. L'argenterie, les bijoux, les objets précieux amenés dans la cour du château, étaient vérifiés, enregistrés et emballés, puis ils étaient chargés dans deux tapissières sur lesquelles avait été placé le drapeau de la Croix-Rouge.

## Un officier tue lâchement deux jeunes Belges.

Le capitaine Schroeder, prié de faire cesser le cambriolage et l'orgie scandaleuse qui se déroulaient dans la villa, finit par se rendre sur les lieux; mais après avoir jeté un coup d'œil dans l'intérieur de la maison saccagée, il se retira en disant : « C'est la guerre, et d'ailleurs je n'ai pas le temps. »

Le 4 septembre, un soldat étant allé coucher dans une propriété dont la dame X... est concierge, chassa le mari et plusieurs parents de cette femme, en les menaçant de son fusil, puis il obligea Mme X... à demeurer auprès de lui, pendant toute la nuit.

A Trumilly, où ils sont restés du 2 au 4 septembre, les Allemands ont pillé la commune et emporté dans des caissons d'artillerie ainsi que dans des voitures, le produit de leurs vols. Le premier jour, la dame Huet, qui logeait chez elle une partie de l'état-major du 19e régiment de dragons du Hanovre et un assez grand nombre de soldats, vit un sous-officier s'emparer d'un coffret contenant ses bijoux, d'une valeur approximative de dix mille francs. Elle alla se plaindre au colonel, qui se contenta de lui répondre, en souriant : « Je regrette, madame, c'est la guerre. »

Le 3 septembre, les premières troupes étant parties, des traînards restèrent dans le pays. L'un d'eux, soldat au 91e régiment d'infanterie, et sur la médaille duquel était gravé le nom de Anne, vola chez Mme Huet 115 francs aux domestiques, 300 francs à la maîtresse de maison et 400 francs au sieur Cornillet. S'étant rendu ensuite chez la dame X..., dont le mari est sous les drapeaux, il obligea cette femme à se livrer à lui, en la menaçant de son fusil.

Pendant l'occupation de la commune, M. Cornillet, victime d'un des vols dont nous venons de parler, a logé chez lui un officier. Après le départ de cet hôte, il a constaté la disparition d'une somme de 150 francs, qui était placée dans l'armoire de la chambre où l'Allemand avait couché. Enfin, le sieur Colas, vieillard de soixante-dix ans, fouillé dans la rue par un soldat, a été dépouillé d'une trentaine de francs.

Un des faits les plus graves qui nous aient été révélés, dans le département de l'Oise, a été commis près de Marquéglise, par un officier d'un grade élevé. Deux jeunes gens de Saint-Quentin, nommés Charlet et Gabet, qui étaient partis de Paris pour retourner à leur lieu d'origine, dans le but de répondre à l'appel de leur classe, rencontrèrent en chemin deux sujets belges, se rendant à Jemmapes, où ils demeuraient. Ceux-ci leur ayant offert des places dans leur voiture, les quatre hommes firent route ensemble, jusqu'au village de Ressons, où ils furent arrêtés par une troupe allemande. Attachés, puis conduits jusque sur le territoire de

Marquéglise, ils comparurent là devant un officier supérieur qui les interrogea. En apprenant que deux d'entre eux étaient originaires de la Belgique, cet officier déclara que les Belges étaient « de sales gens », puis sans autre explication, saisissant son revolver, il fit feu successivement sur chacun des prisonniers. Les deux Belges et le jeune Gabet, atteints à la tête, furent foudroyés. Quant à Charlet, blessé à la nuque et à l'épaule droite, il feignit d'être tué, et put, après le départ de l'assassin, se traîner à quelque distance. Avant d'être transporté à Compiègne, où il est mort le lendemain, le malheureux a fait à l'abbé Boulet, curé de Marquéglise, le récit du lâche attentat dont ses compagnons et lui-même avaient été victimes.

## AISNE

Dans les communes du département de l'Aisne que nous avons pu visiter, nous avons relevé surtout des actes de pillage et de nombreux attentats contre les femmes.

A Connigis, le 8 septembre, vers neuf heures du soir, la dame X... fut l'objet de violences graves, de la part de deux Allemands qui s'étaient rendus dans la maison de ses beaux-parents où elle habitait, en l'absence de son mari, parti pour l'armée. L'un d'eux garda le sieur X... père, devant la porte, tandis que l'autre se livrait sur la jeune femme, après l'avoir menacée de son fusil, à des actes d'une obscénité révoltante, en présence de la belle-mère. Ce dernier, son crime accompli, alla remplacer auprès de X... son camarade qui, à son tour, outragea la victime.

A Brumetz, où l'occupation a duré du 3 au 10, le village a été pillé. Une maison, ainsi que le château de M. de Maleyssie, capitaine à l'état-major du 6e corps d'armée français, ont été incendiés.

A Chierry, le château de Varolles a été brûlé avec des torches et du pétrole. Le feu a été mis également au château de Sparre, après un pillage complet de l'édifice, où des tableaux ont été enlevés de leurs cadres, et où les tapisseries ont été lacérées à coups de sabre.

A Jaulgonne, du 3 au 10 septembre, la garde prussienne a pillé les caves, volé du linge, et causé pour 250,000 francs de dégâts. Elle a, en outre, brûlé une maison, sous le prétexte que le propriétaire avait tiré, alors qu'en réalité il s'était caché tout tremblant dans sa cave.

Deux habitants de cette commune ont été tués. L'un, le sieur Rempenault, âgé de quatre-vingt-sept ans, a été trouvé dans les champs, frappé d'une balle; l'autre, un nommé Blanchard, âgé de soixante et un ans, avait été arrêté parce que les Prussiens l'avaient vu, dans la rue, causer avec un chasseur à pied français qui, après s'être attardé dans le village, avait pu prendre la fuite à bicyclette, et échapper à une vive fusillade dirigée contre lui. Conduit dans une dépendance de Jaulgonne, Blanchard fut blessé d'un coup de baïonnette par un soldat, puis achevé par un officier, qui lui cassa la tête d'un coup de revolver.

### Toujours le vol.

Au Charmel, les Allemands, dès leur arrivée, se sont introduits dans les habitations, en enfonçant les portes. Ils n'ont pas laissé une bouteille de vin dans les caves et ont pillé principalement les maisons abandonnées, enlevant le linge, l'argent, les bijoux et d'autres objets. Chez l'instituteur, ils ont pris la caisse de la mutualité scolaire, qui contenait 240 francs. Le 3 septembre, ils ont incendié, à onze heures du soir, le château de Mme de Rougé; et le même jour, l'un d'eux, étant entré chez la dame X..., l'a saisie à la gorge et l'a violée.

A Coincy, le 3 et le 4, ils ont vidé les caves, mis à sac les maisons inhabitées, et commis des tentatives criminelles sur plusieurs femmes du village.

A Bezu-Saint-Germain, le 8 septembre, deux soldats cyclistes vinrent à la ferme de ..., et y passèrent une partie de la nuit, après avoir obligé les habitants à aller se coucher, avec défense, sous peine de mort, de bouger, quoi qu'ils entendissent. L'un d'eux alla trouver dans sa chambre la petite domestique, ..., âgée de treize ans, et lui mettant sa main sur la bouche, consomma sur elle un viol complet. Ayant entendu un grand cri, la fille des fermiers se sauva par la fenêtre, et appela des officiers qui logeaient chez un voisin. L'un d'eux descendit, fit arrêter les deux cyclistes, qui, revenant de la ferme, passaient justement devant lui, et ordonna qu'on les conduisît au quartier général; mais le lendemain, quand la victime fut invitée à reconnaître le coupable et à le désigner, celui-ci avait disparu.

Le 3 septembre, à Crézancy, des soldats firent sortir de chez lui le jeune Lesaint, âgé de dix-huit ans, et un officier le tua d'un coup de revolver. Un des camarades du meurtrier déclara plus tard que cet homicide avait été commis parce que Lesaint était soldat, et sur les dénégations de son interlocuteur, il ajouta : « Il était pour en faire un. » Il dit aussi que le jeune homme s'était fait tuer bêtement, parce qu'il avait, dans l'intention de se sauver, éteint la chandelle qui éclairait sa chambre. Or, cette chandelle avait été non pas éteinte par le malheureux Lesaint, mais déplacée par un soldat qui avait voulu visiter la maison. L'officier, en tout cas, consentit à reconnaître que son camarade « avait tiré trop vite ».

### Cruautés immondes.

Dans la même localité, le sieur Dupont, gérant du familistère, fut arrêté le 4 septembre, parce qu'il avait essayé de protéger sa caisse contre la cupidité d'un soldat, qui était en train de la dévaliser. Coiffé d'un bonnet de cavalier qu'on lui avait enfoncé jusqu'au menton, et les deux mains liées derrière le dos, il fut le jouet des Allemands qui s'amusèrent à lui faire monter une pente très raide, en l'accablant de coups et en le piquant avec des baïonnettes, chaque fois qu'il lui arrivait de tomber. Il fut transféré le 6 à Charly-sur-Marne, au milieu d'un convoi de prisonniers militaires, et le 8, dans la matinée, ses bourreaux, en se retirant, le contraignirent à suivre la colonne. Comme il ne pouvait se traîner par suite des violences qu'il avait endurées, les Allemands le frappaient à coups redoublés et le poussaient, en le tenant sous les bras. A un kilomètre plus loin, ils le tuèrent d'un coup de lance ou de baïonnette au cœur.

A Crézancy, le sieur Dupont, coiffé d'un bonnet de cavalier qu'on lui avait enfoncé jusqu'au menton, et les mains liées derrière le dos, fut le jouet des Allemands qui s'amusèrent à lui faire monter une pente très raide en l'accablant de coups et le piquant avec des baïonnettes.

A Château-Thierry, où les troupes allemandes ont séjourné du 2 au 9 septembre, le pillage a été effectué sous les yeux des officiers. Plus tard, des médecins militaires qui étaient restés dans la ville, après le départ de leur armée, ayant été compris dans un échange de prisonniers, on ouvrit leurs cantines. Elles contenaient des effets d'habillement provenant du sac des magasins.

Le 5 septembre, la jeune ..., âgée de quatorze ans, rencontrée par un soldat quand elle revenait de chercher du pain pour ses parents, fut entraînée dans la boutique d'un marchand de chaussures et de là dans une chambre où deux autres Allemands rejoignirent le premier. Menacée d'une baïonnette et jetée sur un lit, elle fut violée par deux de ces hommes. Le troisième se disposait à faire comme ses camarades, mais il se laissa toucher par les supplications de l'enfant.

La tante de cette jeune fille, Mme X..., fut elle aussi victime de graves attentats à Verdilly, où sa famille exploite la ferme de .... Après avoir ligoté son mari, quatre soldats, appartenant au corps de l'artillerie lourde, l'ont poursuivie jusque chez un voisin, qu'ils ont terrorisé en le menaçant, et tandis que l'un d'eux la maintenait, les trois autres l'ont successivement violée.

A Hartennes-et-Taux, arrondissement de Soissons, les Allemands ont, comme partout, pillé les maisons. Au hameau de Taux, ils ont allumé de la paille, avec laquelle ils avaient bouché les ouvertures d'une cave isolée où s'étaient réfugiés trois habitants qu'ils prenaient pour des soldats. Les trois hommes ont été asphyxiés par la fumée. (*Officiel.*)

# Rapport de la Commission d'enquête sur les mauvais traitements infligés par les Allemands aux prisonniers civils qui ont été rapatriés en février 1915 dans les départements de l'Isère, de la Savoie et de la Haute-Savoie.

---

Monsieur le Président du conseil,

Conformément aux instructions que vous avez bien voulu nous donner, nous nous sommes transportés dans les départements de l'Isère, de la Savoie et de la Haute-Savoie, à l'effet d'y recueillir auprès des prisonniers civils récemment rapatriés des renseignements sur les circonstances qui ont précédé et accompagné leur arrestation, ainsi que sur le traitement auquel ils ont été soumis pendant leur séjour en Allemagne.

Dix mille environ de nos compatriotes, après avoir été emmenés sur le territoire ennemi pour y subir une captivité plus ou moins longue, ont été renvoyés en France antérieurement au 28 février 1915. Ce sont des femmes, des enfants, des jeunes gens de moins de dix-sept ans, et des vieillards de plus de soixante. Parmi eux se trouvent aussi quelques hommes de dix-sept à soixante ans, que l'autorité allemande, après les avoir soumis à un examen médical, a reconnus impropres à tout service militaire. Arrivés chez nous par la Suisse, et débarqués à Annemasse, ils ont été répartis dans la région du sud-est.

Nous en avons vu un grand nombre, et nous en avons interrogé près de trois cents, après leur avoir fait prêter serment de ne dire que la vérité. Leurs déclarations, dont la concordance nous a frappés, nous ont paru empreintes de la sincérité la plus complète, et nous ont apporté une certitude d'autant plus grande que nous les avons reçues de vingt-huit localités différentes, ce qui exclut toute idée d'une entente possible entre les témoins ou d'une suggestion mutuelle de leur part.

## Le régime des prisonniers.

C'est dans ces conditions que nous avons pu nous rendre un compte suffisamment exact du régime qui a été imposé aux prisonniers civils français, notamment dans les camps d'Holzminden, d'Altengrabow, d'Amberg, de Chemnitz, de Zossen, de Darmstadt, d'Edenberg près Landau, de Gardelegen, de Giessen, de Grafenwohr, de Gustrow, d'Ingolstadt, de Limbourg, de Mersebourg, de Quedlinbourg, de Cassel, de Parchim, de Salzwedel, de Wahn, de Zerbst, de Zwickau, de Langensalza, d'Erfurt et d'Ulm, dans les locaux d'internement de Bayreuth et dans la forteresse de Rastatt.

Le seul fait d'avoir arraché à leurs foyers tant de paisibles habitants des régions envahies constitue incontestablement une violation du droit des gens. Cet acte est d'autant plus grave que les Allemands, non contents de mettre, par une telle mesure, des hommes mobilisables dans l'impossibilité de porter les armes contre eux, ont réduit en captivité un très grand nombre de vieillards, d'enfants et de femmes dont quelques-unes même étaient enceintes.

Certaines personnes ont été arrêtées sous le prétexte faux qu'un de leurs concitoyens avait tiré sur les troupes allemandes; d'autres ont été appréhendées sans explication, sur les routes, au milieu des champs ou dans leurs demeures. Beaucoup ont reçu l'ordre de se rassembler dans un lieu déterminé. A un grand nombre, on a fait croire, au moment de les emmener, qu'on allait simplement les conduire dans une commune voisine pour les mettre à l'abri d'une bataille imminente.

## Mauvais traitements.

Ce qu'il y a de particulièrement révoltant, c'est que l'autorité militaire allemande, en se saisissant au hasard des gens qui lui tombaient sous la main, ne se faisait aucun scrupule de séparer les membres d'une même famille et de les envoyer dans des camps différents. De jeunes enfants ont été compris dans d'autres convois que leurs mères, et des femmes ignorent encore ce que sont devenus leurs maris. Ainsi, à Lübeck, on a obligé un jour tous les hommes à descendre du train qui les avait amenés jusque-là avec leurs femmes, et on leur a fait prendre aux uns et aux autres des directions différentes. Ainsi encore, à Thiaucourt, le 3 septembre, des soldats qui étaient venus chercher chez elle la dame André, soi-disant pour qu'elle donnât à leur commandant un renseignement dont il avait besoin, l'empêchèrent de prendre avec elle ses enfants, en lui affirmant qu'elle allait revenir; mais aussitôt qu'elle comparut devant l'officier, celui-ci, sans articuler contre elle aucun grief, se borna à ordonner qu'elle fût expédiée en Allemagne.

Tous les prisonniers étaient d'abord astreints à effectuer à pied un trajet plus ou moins long et plus ou moins pénible, au cours duquel ils passaient les nuits dans un enclos, dans une gare ou dans une église; puis on les faisait monter dans des wagons à bestiaux pour les transférer en pays allemand. Pendant le voyage, ils ne recevaient généralement aucune nourriture. La plupart d'entre eux ont dû rester ainsi plusieurs jours sans boire ni manger, et beaucoup de ceux qui ont été enlevés dans le nord de la France auraient pu mourir de faim, si à leur passage en Belgique, des femmes charitables n'étaient parvenues à leur remettre quelques aliments.

Le départ de ces pauvres gens a été marqué d'incidents cruels. Nous croyons devoir vous en rapporter quelques-uns, à titre d'exemples. Les habitants de la commune de Montblainville (Meuse), quand on les a emmenés, ont été accablés de mauvais traitements. Des prisonniers de Roubaix et des environs, après avoir été également maltraités, ont été entassés au nombre de soixante à quatre-vingt-cinq par voiture, dans des fourgons où il leur était impossible de s'asseoir, et où, durant soixante-douze heures, on ne leur a donné que deux fois de la nourriture; enfin, ceux d'Hendecourt (Pas-de-Calais) ont été contraints de coucher sur les dalles de l'église Saint-Pierre de Douai, dans laquelle ils ont été enfermés pendant huit jours, avant d'être mis en chemin de fer.

## Vieillards assassinés.

Dans notre rapport du 17 décembre, nous vous avons rendu compte de l'enlèvement de dix-huit habitants de Vareddes (Seine-et-Marne). « D'après les renseignements recueillis, écrivions-nous, trois de ces hommes auraient été massacrés; en tout cas, la mort de l'un des plus âgés, le sieur Jourdaine, vieillard de soixante-treize ans, est certaine. Traîné jusqu'au village de Coulombs et ne pouvant plus marcher, le malheureux fut frappé d'un coup de baïonnette au front et d'un coup de revolver au cœur. » Ce n'était là, malheureusement, qu'une partie de la vérité. Nous avons pu, en effet, à la suite de transports ultérieurs, reconstituer plus complètement ce qu'a été le douloureux calvaire des otages de Vareddes et, le 2 de ce mois, il nous a été donné d'entendre de la bouche même de deux de ceux-ci, rapatriés depuis quelques jours, le récit des souffrances qui leur ont été imposées.

C'est les 5, 6, 7 et 8 septembre que dix-neuf hommes, et non dix-huit comme on nous l'avait dit d'abord, ont été arrêtés chez eux ou sur la voie publique par les Allemands, qui se disposaient à battre en retraite. Trois d'entre eux étant parvenus à s'évader sont rentrés au village le surlendemain de leur arrestation. Tous leurs compagnons ont été emmenés. Des témoignages nombreux, reçus à Vareddes et sur divers points du chemin parcouru par les prisonniers, établissent que quatre au moins de ceux-ci ont été massacrés parce que, complètement épuisés, ils ne pouvaient plus suivre la colonne.

Jourdaine, comme nous l'avons dit, a été tué à Goulombs. Liévin, âgé de soixante et un ans, a été entraîné dans le cimetière de Chouy (Aisne), où il a été fusillé. L'infortuné a placé lui-même son mouchoir devant ses yeux, pour ne pas voir les fusils braqués sur sa poitrine. Ménil, âgé de soixante-sept ans, a été assommé à coups de crosse, sur le territoire de la même commune. Milliardet, âgé de soixante-dix-huit ans, a été fusillé à Chézy-en-Orxois. Ce ne sont probablement pas les seuls qui aient été assassinés. Il est vraisemblable que le curé Fossin a subi le même sort. Accusé d'avoir fait du haut de son clocher des signaux à une troupe française, il a disparu en route, après avoir été roué de coups qui avaient mis sa soutane en lambeaux. Un officier a déclaré qu'il venait d'être exécuté. Enfin, d'après ce qu'a appris M. Lebel, l'un des deux rapatriés, MM. Terré et Vapaille auraient été également mis à mort. On n'a d'eux aucune nouvelle, non plus que de M. Croix, qui a cessé de suivre le convoi dans les environs de Chouy.

## Actes de brutalité.

En quatre jours, les survivants n'ont pris que deux repas : l'un à Soissons, qui leur a été apporté par les dames de la Croix-Rouge française; l'autre à Chauny, qui leur a été fourni par des habitants. C'est de cette dernière commune qu'ils ont été embarqués pour l'Allemagne, avec d'autres prisonniers, dans des wagons à bestiaux où ils ont dû se tenir debout ou accroupis, faute de bancs. Pendant les quatre journées qu'a duré le trajet en chemin de fer, on ne leur a donné qu'une seule fois à manger, et ils ont été violemment frappés à coups de bâton, de poing et de manche de couteau. Un soldat est monté jusqu'à trois fois dans un fourgon, pour s'y livrer, sans aucun motif, à des actes de brutalité.

Le 23 septembre, MM. Woimbée, âgé de soixante et un ans, et Fortin, âgé de soixante-cinq ans, tous deux cultivateurs à Lavigneville (Meuse), ont été arrêtés chez eux, sous le prétexte qu'ils étaient francs-tireurs; or, Woimbée avait eu un pied cassé, deux mois auparavant, et Fortin, atteint de rhumatismes chroniques, était depuis longtemps dans l'impossibilité de marcher sans le secours d'un bâton. Les Allemands les emmenèrent dans leur costume de travail, sans leur laisser le temps de prendre d'autres vêtements, et les joignirent à un convoi comprenant une trentaine de soldats prisonniers. Fortin, qui ne pouvait avancer, fut attaché avec une corde dont deux cavaliers tinrent les extrémités, et il dut, malgré son infirmité, suivre le pas des chevaux. Comme il tombait à chaque instant, on le frappait avec des lances pour l'obliger à se relever. Le malheureux, couvert de sang, suppliait en grâce qu'on le tuât. Woimbée finit par obtenir l'autorisation de le porter jusqu'au village de Saint-Maurice-sous-les-Côtes, avec l'aide de plusieurs de nos soldats. Là, les Allemands ayant fait entrer les deux vieillards dans une maison, les forcèrent à se tenir debout pendant deux heures, face au mur et les bras en croix, tandis qu'eux-mêmes maniaient bruyamment leurs armes, pour faire croire à leurs victimes qu'ils allaient les fusiller. Ils se décidèrent enfin à les laisser s'étendre à terre et leur donnèrent un peu de pain et d'eau. Depuis plus de vingt-quatre heures Woimbée et Fortin n'avaient pas mangé.

A Bantheville (Meuse), le jeune Miquel (Félix), âgé de quinze ans, qui s'était caché derrière un tas de fagots pour n'être pas arrêté, reçut du soldat qui le découvrit un violent coup de sabre qui lui fendit les lèvres; puis, tandis qu'on l'emmenait, comme il essayait de se sauver dans un bois, il se heurta à une sentinelle qui, d'un coup de baïonnette, lui enleva une phalange de la main gauche.

## La mitrailleuse contre les prisonniers.

Cent quatre-vingt-neuf habitants de Sinceny (Aisne), envoyés à Erfurt, y sont arrivés après un voyage de quatre-vingt-quatre heures, pendant lequel chacun d'eux n'a reçu qu'un seul morceau de pain d'environ cent grammes. En traversant la Belgique, quelques-uns ont été un peu ravitaillés par des dames, mais la plus grande partie de ce qu'elles leur ont donné a été mangée par les gardiens.

Le 10 octobre, une colonne composée d'environ 2.000 hommes qui devaient passer devant un conseil de revision se rendait à Gravelines, quand, dans la matinée, elle fut attaquée près du Mesnil (Nord), par des forces allemandes qui ouvrirent sur elle un feu de mitrailleuses à moins de 500 mètres. Le tir eut lieu à deux reprises pendant une heure et demie, faisant de nombreuses victimes. Des hussards se précipitèrent ensuite sur les Français, qui s'étaient couchés pour éviter les balles, les firent relever et les emmenèrent, non sans avoir volé à la plupart leur sac de voyage. M. Maille, de Tourcoing, se vit ainsi dépouillé de sa valise, qui contenait une somme de 2.000 francs. Le 12, à onze heures du matin, les prisonniers furent embarqués dans des wagons à bestiaux, à raison de soixante par voiture, et envoyés au camp de Parchim.

Entre le Mesnil et Beaucamps, les hussards avaient contraint leurs captifs à prendre le pas gymnastique et tué à coups de carabine ceux qui n'avaient pas pu suivre. Ils avaient également fusillé un conseiller municipal de Fournes parce qu'il demandait la raison de son arrestation, et un lieutenant blessé qui avait été pris dans un convoi du 8e territorial.

Le 22 septembre, à sept heures du matin, tous les habitants de la commune de Combres (Meuse) furent arrêtés et conduits sur le flanc d'une colline, où on les fit stationner dans un endroit découvert exposé au feu de notre artillerie et à celui des tirailleurs français, dont on voyait parfaitement les tranchées. Comme, pour se faire reconnaître des nôtres, ils agitaient leurs mouchoirs et leurs chapeaux, l'artillerie ne tarda pas à se taire et l'infanterie ne tira plus.

## Odieuse exhibition.

A sept heures du soir, ils furent ramenés au village. On leur donna alors une heure pour aller prendre chez eux ce dont ils pouvaient avoir besoin, faculté d'ailleurs bien vaine, les maisons ayant été à peu près complètement pillées, et on les prévint que ceux qui manqueraient au rassemblement seraient impitoyablement fusillés. A huit heures, on les enferma dans l'église, puis le lendemain, à quatre heures du matin, on les en fit sortir pour les exposer de nouveau aux obus sur le même coteau que la veille. Ils eurent la chance de n'être pas atteints, à l'exception d'une femme, qui fut légèrement blessée. De retour à Combres, au commencement de la soirée, ils furent, comme pendant la nuit précédente, emprisonnés dans l'église, où ils restèrent cinq jours. Enfin, le commandant les prévint qu'ils allaient partir pour Herbeuville. Dans cette localité, on ordonna aux hommes de sortir des rangs, et, le jour suivant, après leur avoir fait faire des marches inutiles, on les emmena à Mars-la-Tour. Là, les Allemands leur apportèrent un baquet contenant des choses infectes, parmi lesquelles se trouvaient des morceaux de viande à moitié crue; et l'on vit les malheureux se jeter sur cette nourriture nauséabonde et la saisir à pleines mains, n'ayant ni gamelles ni cuillers pour la recueillir.

Enfin, le 28, à cinq heures du soir, les prisonniers durent monter dans des wagons à bestiaux pour être transférés au camp de Zwickau. Quand le train passa à Frankenthal, les gardiens ouvrirent les panneaux des fourgons pour exhiber les Français captifs aux enfants des écoles rassemblés dans la gare, avec le reste de la population.

Tandis que les hommes de Combres partaient pour l'Allemagne, leurs femmes et leurs enfants étaient consignés dans l'église du village. Ils y furent maintenus pendant un mois, passant les nuits assis sur des bancs. La dysenterie et le croup sévissaient parmi eux, et les femmes n'étaient autorisées à porter les déjections que tout à proximité des portes, dans le cimetière.

Si les prisonniers civils ont eu à supporter, pendant la durée de leur transfèrement, bien des privations et bien des souffrances, ils n'ont guère été moins à plaindre dans les lieux de concentration où ils ont été internés en Allemagne. Ils étaient logés généralement dans des baraquements en planches de sapin, couverts avec du carton bitumé. A Güstrow, certains d'entre eux ont été entassés dans de grandes tentes semblables à des baraques foraines où il n'y avait ni chauffage ni éclairage, et où la plupart couchaient sur de la paille recouvrant directement le sol. Dans plusieurs camps, comme à Gardelegen et à Grafenwohr, les planches mal jointes laissaient passer l'humidité. Presque partout, cependant, les baraquements, tout au moins à partir de Noël, ont été chauffés par des poêles.

Les civils ont été internés dans les mêmes camps que les militaires, mais ne se sont trouvés que rarement confondus avec eux dans les bâtiments. Les femmes ont été détenues avec les jeunes enfants, principalement à Giessen, à Grafenwohr, à Amberg, à Landau, à Zwickau et à Holzminden.

## Dans la vermine.

Le couchage se composait d'une paillasse, d'une ou deux couvertures par personne, et quelquefois d'un traversin. Les paillasses étaient garnies d'une paille effritée ou, ce qui était le cas le plus fréquent, de copeaux qui, en se tassant sous le poids du corps, devenaient rapidement fort durs. Cependant à Zwickau, où un baraquement comprenait quatre étages, les femmes, auxquelles était réservé le rez-de-chaussée, et les hommes qui habitaient le premier avaient seuls des paillasses.

Encore ceux qui étaient ainsi traités n'étaient-ils pas les plus malheureux; car les prisonniers de Parchim, pendant trois mois, ceux de Cassel, pendant deux mois, ont, comme ceux de Güstrow, couché dans des tentes, sur de la paille étendue à même le sol et pour ainsi dire jamais renouvelée.

Parmi les internés d'Erfurt, certains également ont été relégués sous des tentes, avec une simple litière comme celle des animaux, depuis le 23 septembre jusqu'au 1er novembre. D'autres ont été logés successivement dans une prison, où ils avaient un matelas chacun, puis dans des baraquements où on les a fait dormir sur la paille.

Ceux de Quedlinbourg ont passé un mois dans des baraques où l'eau se répandait et où ils n'avaient pour se reposer qu'une paille pourrie étalée sur le plancher. Ceux de Chemnitz ont couché pendant trois mois sur la même paille, dans l'écurie d'une caserne. A Grafenworh, l'un des camps où, comme à Parchim et à Zwickau, le régime a été le plus détestable, nos compatriotes ont été réunis, jusqu'au 3 novembre, dans des baraquements dont les planches étaient disjointes, et où ils dormaient sur la paille, avec une seule couverture pour deux personnes. Au fort d'Ingolstadt, enfin, on les a mis dans des salles voûtées, contenant chacune de vingt à vingt-trois hommes, et après ne leur avoir donné pendant deux mois que de la paille pour se coucher, on a fini par leur distribuer des paillasses.

Une telle organisation devait naturellement avoir des résultats déplorables au point de vue de la propreté et de l'hygiène. On a vu un jour un interné dont le torse était tellement couvert de poux qu'ils y formaient une véritable couche vivante. Dans tous les camps, d'ailleurs, la vermine qui pullulait, constituait pour les prisonniers un supplice d'autant plus intolérable que l'administration ne faisait rien pour y remédier. Il paraît même qu'à Güstrow, les soldats se moquaient ouvertement de ceux qui essayaient de détruire les insectes dégoûtants dont ils étaient infestés. A Landau, cependant, ils ont tenté d'en débarrasser la veuve Minaux, de Beney (Meuse), âgée de quatre-vingt-sept ans. Pour cela, ils n'ont rien trouvé de mieux que de l'inonder de pétrole après l'avoir déshabillée. A la suite de cette opération, la pauvre vieille est tombée gravement malade et elle est morte le 20 janvier.

## Nourriture de Boche.

Un seul rapatrié nous a déclaré avoir eu un lit. C'est un jeune homme qui, ayant été blessé au pied, s'est trouvé, seul civil, avec quatre cents prisonniers militaires, à Kœnigsbrück. Celui-là n'a jamais eu à se plaindre ni du logement ni de la nourriture. Ceux de nos concitoyens qui ont été internés à Bayreuth ont été, eux aussi, bien traités. Ils ont dû le régime exceptionnel dont ils ont bénéficié à la bienveillance et à l'humanité d'un général allemand qui était un soldat et non pas un bourreau.

L'alimentation était à peu près la même partout. Elle se composait au réveil d'une décoction d'orge grillée, sans sucre; à midi, d'une portion de riz, ou de macaroni ou de betteraves, ou de féveroles ou de rutabagas; quelquefois de choucroute dure, plus rarement de pommes de terre écrasées avec la pelure ou de marrons pilés avec l'écorce; le soir, tantôt d'une espèce de soupe faite de matière farineuse délayée dans de l'eau, tantôt de légumes, comme au repas précédent, ou d'avoine concassée; parfois aussi d'un hareng, le plus souvent gâté, d'un peu de boudin froid ou d'un petit morceau de très mauvais fromage.

Dans la gamelle de midi, on découvrait généralement quelques filaments d'un hachis fait de déchets et d'abats, du pis de vache, des boyaux de porc, de la rate ou du poumon. A Amberg, pourtant, à Landau et à Ingolstadt, on avait un peu de viande mangeable. A Quedlinbourg, tous les deux jours, et à Limbourg, une fois par jour, on en avait également; mais elle était fort mauvaise. A Holzminden, le dimanche, un petit morceau de mouton était ajouté à l'ordinaire.

Enfin, du pain noir, collant, ressemblant à du mastic, et qu'on ne pouvait manger qu'après l'avoir fait griller, était distribué à raison d'une boule d'un kilogramme environ pour trois ou quatre personnes, ou d'une boule par personne pour trois ou quatre jours. Les très jeunes enfants recevaient une petite quantité de lait et quelquefois une tranche de pain blanc.

Il résulte de toutes les déclarations qui nous ont été faites que la plupart des prisonniers défaillaient presque d'inanition. Après la distribution, quand il restait quelque chose, on voyait certains d'entre eux, des soldats principalement, se ruer aux abords des cuisines; c'était ce qu'on appelait « aller au rabiot ». Alors, les malheureux, bousculés et frappés par les sentinelles, risquaient les mauvais traitements et les injures pour essayer d'arracher quelques bribes supplémentaires d'une nourriture écœurante. La dame Ravenel, de Véry (Meuse), nous a dit avoir aperçu à Holzminden des hommes qui, mourant de faim, ramassaient, pour les dévorer, des têtes de harengs et le marc de la décoction du matin.

Dans certains camps, on ne faisait pas travailler les prisonniers; dans d'autres, au contraire, ils étaient astreints à une besogne plus ou moins pénible. A Altengrabow, on les occupait sur les routes ou dans les champs, et on en mettait à la disposition d'entrepreneurs qui ne leur donnaient aucune rétribution. A Cassel et à Güstrow, on leur faisait effectuer des travaux de terrassement : à Wahn, ils manœuvraient des rouleaux à écraser les cailloux et traînaient des chariots. Quand ils ne pouvaient plus travailler, ils étaient privés de gamelle,

## Pénibles corvées.

A Parchim, les uns faisaient des tresses et des paillassons, d'autres déchargeaient des wagons où traînaient des voitures de vidange, à l'aide d'une corde à laquelle étaient attelés quatre-vingts hommes environ. Cette dernière corvée était fort pénible pour des gens épuisés, parce que les véhicules, extrêmement lourds, s'enfonçaient dans le sable, mais elle était encore moins redoutée que celle qui consistait à transporter à pleins bras la paille pourrie et remplie de vermine sur laquelle on avait couché dans les tentes. Le prisonnier qui fournissait un travail jugé insuffisant devait quelquefois exécuter quatre heures de pas gymnastique entrecoupé de courts arrêts. Le jeune Pochet (Nicolas), âgé de dix-huit ans, de Vaulx-Vraucourt (Pas-de-Calais), nous a affirmé, en outre, que trois cents internés de Wahn, au nombre desquels il était, avaient été contraints d'aller travailler, à sept kilomètres du camp, à des tranchées de la défense de Cologne et que plusieurs prisonniers civils avaient été employés, quand les Allemands venaient de faire des expériences de tir, à déterrer et à relever les obus qui n'avaient pas éclaté.

La discipline était différente suivant les lieux d'internement. Elle était en général assez rigoureuse, et des fautes souvent peu graves étaient réprimées par un châtiment humiliant qui consistait à attacher l'homme puni à un poteau, par le cou, par les mains liées derrière le dos et par les pieds. Cette peine durait ordinairement deux heures, et comme on avait soin de l'appliquer pendant le repas de midi, elle entraînait une privation de nourriture.

Dans plusieurs camps, notamment à Gardelegen et à Altengrabow, les prisonniers étaient l'ojet de sévices. A Holzminden, un jeune homme qui, mourant presque de faim, demandait instamment à manger, a été battu par un gardien, puis mis en cellule pendant six jours. A Darmstadt, il y avait un caporal dont la violence et la méchanceté étaient extrêmes. On l'a vu frapper à la tête avec un sabre un prisonnier militaire qui ne l'avait pas salué. Une autre fois, il a percé de sa baïonnette la poitrine d'un soldat qui lui avait dit que quand on n'a pas à manger on ne doit pas travailler. Le blessé, transporté à l'hôpital, y est mort le lendemain.

## Malades abandonnés.

A Güstrow, Louis Fournier a été frappé d'un coup de baïonnette, parce qu'il avait allumé sa pipe étant au travail, ce qui l'avait empêché de participer au renversement d'un wagonnet; et un sous-officier, en tirant sans motif un coup de revolver sur un groupe, a blessé à la hanche le nommé Boniface. Un jour, à Erfurt, un de nos soldats ayant involontairement cassé un carreau, a reçu d'une sentinelle un coup de baïonnette à la suite duquel il est mort le lendemain. A Parchim, enfin, deux civils qui demandaient du « rabiot » ont été si brutalement frappés à coups de crosses qu'ils ont succombé à leurs blessures. Le fils de l'un d'eux, pour avoir essayé de protéger son père, a été mis au poteau huit jours de suite, de midi à deux heures. Dans ce camp, l'un des plus mauvais et des plus durs de toute l'Allemagne, les prisonniers qui ne saluaient pas les sous-officiers ou même les soldats secrétaires de groupe, recevaient une paire de gifles. C'est là que M. l'aide-major X..., dont nous avons entendu à Paris la déposition, a été interné après avoir été dévalisé par des Allemands. Les déclarations qu'il nous a faites concordent absolument avec celles que nous avons recueillies ensuite dans notre récent voyage. Il a dû coucher sous une tente, sur une botte de paille, et il a été prévenu en arrivant que s'il avait de l'argent, il pourrait recevoir la même nourriture que les sous-officiers prussiens, mais que s'il n'était pas en situation de payer, il devrait se contenter chaque jour de soupes d'orge, d'avoine ou de riz, de 250 grammes de pain et d'un peu de café, comme le commun des prisonniers.

« Il y a dans le camp, nous a-t-il dit, 2.000 soldats belges, 2.000 civils français de douze à soixante-dix-sept ans, et 2.000 hommes de notre armée, parmi lesquels un très grand nombre de blessés et d'infirmiers. On ne leur donne pas un centime, et ceux qui ne possèdent pas d'argent meurent presque de faim. Quand il reste un peu de soupe, une foule de ces malheureux se précipite pour en obtenir et les sous-officiers finissent par s'en débarrasser en lâchant des chiens sur eux. »

Dans la plupart des camps, l'état sanitaire était fort mauvais et la mortalité considérable. On n'y recevait pour ainsi dire pas de soins. Les médecins allemands qui passaient se contentaient d'examiner les malades. En dehors de la teinture d'iode, ils ne prescrivaient pas de remèdes. Quant aux docteurs français, internés eux-mêmes en assez grand nombre, ils faisaient de leur mieux, mais ils ne disposaient d'aucun médicament. Les cas de bronchite et de pneumonie étaient particulièrement nombreux. A Holzminden, on voyait des hommes tomber d'épuisement. Une vieille femme de Saint-Sauveur (Meurthe-et-Moselle), Mme Thirion, y est restée malade, étendue sur sa paillasse pendant trois semaines, sans pouvoir obtenir, malgré ses demandes réitérées, qu'on lui amenât le médecin. Celui-ci est venu seulement le jour où elle est morte. Cent trente prisonniers civils environ sont décédés à Grafenwohr. « On s'y éteignait comme des bougies, car on n'avait plus la force de se tenir sur ses jambes, » nous a dit le maire de Montblainville. Tant à Rastatt qu'à Zwickau, vingt-cinq habitants d'Hannonville et treize de Combres sont morts.

## Lamentable état des otages.

Ces exemples suffisent à donner une idée des pertes qui ont décimé la population civile dans les camps allemands. On peut dire que rien n'était fait pour prévenir les maladies et les décès. A Parchim, les malades devaient attendre l'examen médical pendant plus d'une heure sous la neige et sous la pluie, à la porte de l'infirmerie. Quand ils battaient la semelle pour se réchauffer, ils étaient menacés ou frappés par le sergent infirmier. A Cassel, enfin, où il fallait être presque mourant pour qu'on vous admît dans les locaux sanitaires, le prisonnier qui n'était pas reconnu malade quand il se présentait à la visite était privé de nourriture pendant deux jours.

Immédiatement avant leur rapatriement, tous nos concitoyens ont été soumis à un internement de plusieurs jours dans les casemates de la forteresse de Rastatt, où l'air et la lumière ne pénétraient qu'à peine. Ils y enduraient la pire misère, accroupis sur des bancs, n'osant s'étendre sur les quelques poignées de copeaux destinés à leur servir de couche et évitant tout contact avec le sol, tant était répugnante l'immonde vermine qu'ils y voyaient grouiller. La discipline était très dure. A chaque instant des prisonniers étaient rudoyés par les soldats qui les gardaient et, pour les obliger à se rassembler, on employait parfois des chiens qui les poursuivaient comme un bétail.

Dès le début de notre mission, nous avons pris le parti, monsieur le président, de donner à nos rapports la forme simple et purement objective qui caractérise les documents judiciaires. Il nous est cependant impossible de taire complètement la tristesse et l'indignation que nous avons ressenties, en voyant l'état affligeant dans lequel les Allemands nous ont rendu les otages qu'ils avaient enlevés de notre territoire, au mépris de tout droit des gens. Pendant le cours de notre enquête, nous n'avons cessé d'entendre la toux obsédante qui déchirait les poitrines. Nous avons vu de nombreux jeunes gens dont la gaieté semblait morte et dont les visages émaciés et pâlis décelaient la tare physique déjà peut-être irréparable. Aussi la pensée nous venait-elle malgré nous que la scientifique Allemagne, qui se targue si volontiers d'avoir toujours marché à la tête des nations dans la lutte contre la tuberculose, semble avoir appliqué son esprit de méthode à préparer dans notre pays la propagation du fléau redoutable qu'elle a si ardemment combattu chez elle.

Nous n'avons pas été moins profondément émus en voyant des femmes pleurer leurs foyers abandonnés, leurs maris, leurs enfants disparus ou retenus captifs et en remarquant sur la physionomie d'un grand nombre de prisonniers et jusque dans leurs attitudes l'empreinte morale laissée par un régime odieux, inflexiblement destiné à abolir chez ceux qui le subissent le sentiment de la dignité et de la fierté humaines.

Nos impressions n'ont rien d'exagéré; et pourtant, nous avons visité les rapatriés à un moment où leur santé ébranlée avait déjà pu se rétablir un peu sur le sol bienfaisant de la France. Ceux qui les ont accueillis à leur arrivée ont été épouvantés de leur délabrement et de leur faiblesse.

## Un convoi impressionnant.

Le maire de Saint-Egrève, qui en a reçu une vingtaine et les a logés dans une école, nous a dit qu'au début de leur séjour dans sa commune, les femmes principalement étaient très déprimées. Elles se croyaient encore en prison et se montraient si craintives que, pour sortir ou pour écrire une lettre, elles demandaient des permissions. M. Maltraire, sous-préfet de Saint-Julien, M. le commissaire spécial Perrier et M. le docteur Favre, maire d'Annemasse, ont constaté l'état de misère physiologique dans lequel se trouvaient presque tous les arrivants. Un convoi de 1.300 personnes a été particulièrement impressionnant, et il a fallu transporter sur des brancards, à la descente du tramway, une trentaine de femmes qui en faisaient partie. Plusieurs d'entre elles étaient octogénaires; deux avaient plus de quatre-vingt-dix ans. C'étaient, nous a-t-on dit, de véritables loques.

M. le docteur Lapiné, dont le témoignage est d'autant moins suspect qu'il émane non d'un de nos compatriotes, mais d'un citoyen argentin, médecin de la faculté de Genève, a examiné environ cinq cents prisonniers civils rapatriés. La plupart étaient profondément épuisés. Beaucoup de vieillards étaient atteints de bronchite ou d'emphysème; plusieurs sont morts, à Annemasse, de congestion pulmonaire ou d'affaiblissement cardiaque. Comme ils étaient dans un état de dénutrition épouvantable, la moindre des affections prenait chez eux une allure grave. Le docteur a constaté chez trente ou quarante femmes un trouble physiologique persistant, phénomène qu'il attribue à une violente commotion nerveuse; et il a soigné trois cas d'aliénation mentale.

Nous ne saurions terminer ce rapport, monsieur le président du conseil, sans vous signaler l'émotion reconnaissante avec laquelle tous nos rapatriés nous ont fait part de l'accueil si touchant qu'ils ont reçu dès leur arrivée à Schaffhouse. Des aliments, des vêtements, des chaussures et du linge leur ont été distribués. Les meilleurs secours leur ont été prodigués par des femmes généreuses, que l'aspect lamentable de ces malheureux ne rebutait pas, et qui, remplies de pitié pour les infortunes dont elles étaient témoins, trouvaient dans la bonté de leur cœur les ressources de cette bienveillance affectueuse qui, plus encore que les soins matériels, console et réconforte les âmes meurtries. La gratitude que la Suisse a su inspirer à tant de pauvres gens si cruellement éprouvés est immense; nous en avons recueilli partout le témoignage.

Veuillez agréez, monsieur le président du conseil, l'expression de notre respectueux dévouement.

G. Payelle, *président.*
Armand Mollard.
G. Maringer.
Paillot, *rapporteur.*

Paris, le 8 mars 1915.

# DEUXIÈME PARTIE

## FAITS D'ORDRE MILITAIRE

Les faits commis en violation des droits de la guerre, à l'égard des combattants : meurtre des blessés ou des prisonniers, ruses interdites par les conventions internationales, attaques contre les médecins et les brancardiers, ont été innombrables, dans tous les endroits où des combats ont été engagés. Il nous est impossible de constater la plupart d'entre eux, parce que les témoins en sont surtout des militaires, obligés à se déplacer continuellement. Ces actes ont été, du reste, relatés dans des rapports adressés par les chefs de corps à l'autorité militaire, qui pourra les joindre aux documents de notre enquête, si elle le juge à propos. Beaucoup sont aussi attestés par des témoignages que des magistrats ont recueillis dans les hôpitaux, et dont nous opérons en ce moment le dépouillement, en vue de l'établissement d'un rapport complémentaire. Il nous en a été néanmoins révélé à nous-mêmes un certain nombre, au cours de notre information.

Un hussard français, s'étant fracturé la jambe en tombant de cheval, fut assailli par des uhlans qui lui volèrent sa montre et sa chaîne, et l'un d'eux, lui ayant pris sa carabine, lui en déchargea un coup dans l'œil.

A Bar-le-Duc, M. le médecin principal Ferry nous a, à cet égard, rapporté des dépositions recueillies par lui, dans son service. Le sergent Lemerre, du ...e régiment d'infanterie, lui a déclaré que, blessé du 6 septembre, à Rembercourt, d'un éclat d'obus à la jambe, il avait été laissé sur le terrain, pendant huit jours, par les ambulanciers allemands, qui le voyaient parfaitement. Le quatrième jour, sur l'ordre d'un officier qui parcourait le champ de bataille, son revolver à la main, ce sous-officier a été blessé de nouveau d'un coup de fusil par un soldat. Il a d'ailleurs vu, à plusieurs reprises, autour de lui, des brancardiers allemands tirer sur nos blessés.

Le soldat Dreyfus, du ...e régiment d'infanterie, a également raconté au docteur Ferry le fait suivant : atteint d'une blessure, à Somaine, le 10 septembre, il se retirait du champ de bataille, quand il rencontra trois Allemands. Il leur dit, dans leur langue, qu'il venait d'être blessé, mais ces hommes lui répondirent que ce n'était pas une raison pour ne pas recevoir une nouvelle balle, et il en reçut une en effet, à bout portant, dans l'orbite.

## Atrocités sur des blessés.

Le 25 août, M. l'abbé Denis, curé de Réméréville, a soigné, dans la soirée, le lieutenant Toussaint, sorti le premier de l'École forestière au mois de juillet dernier. Tombé blessé sur le champ de bataille, ce jeune officier avait été frappé à coups de baïonnette par tous les Allemands qui étaient passés auprès de lui. Son corps était criblé de plaies, des pieds à la tête.

A l'hôpital de Nancy, nous avons vu le soldat Voyer, du ...e régiment d'infanterie, qui portait encore les traces de la barbarie allemande. Grièvement atteint à la colonne vertébrale, en avant de la forêt de Champenoux, le 24 août, et paralysé des deux jambes, par suite de sa blessure, il était resté étendu sur le ventre, quand un soldat allemand l'avait brutalement retourné avec son fusil, et lui avait porté trois coups de crosse sur la tête. D'autres, en passant auprès de lui l'avaient également frappé à coups de crosse et à coups de pied. Enfin, l'un d'eux lui avait, d'un seul coup, fait une plaie au-dessous et à trois ou quatre centimètres de chaque œil, à l'aide d'un instrument que la victime n'a pas pu distinguer, mais qui, d'après l'opinion de M. le docteur Weiss, médecin principal et professeur à la faculté de Nancy, devait être une paire de ciseaux.

Un hussard, qui a été soigné par ce même docteur, a raconté que, s'étant fracturé la

A Einvaux, des Allemands ouvrent le feu sur le Dr Millet, médecin-major, au moment où, aidé de deux brancardiers, il faisait un pansement à un homme couché sur une civière.

A Vaubecourt, un sergent d'infanterie et deux soldats ont été fusillés par l'ennemi, pour le motif qu'un de ces derniers avait été capturé dans le clocher du village, d'où il aurait pu échanger des signaux avec nos troupes.

Le 22 août, un détachement allemand se présenta sur le territoire de Bonvillers (Meurthe-et-Moselle), à la ferme de la Petite-Rochelle, où le propriétaire, M. Houillon, avait donné asile à des blessés français. L'officier qui le commandait ordonna à quatre de ses hommes d'aller achever neuf blessés qui étaient étendus dans la grange. Chacun de ceux-ci reçut une balle dans l'oreille. Comme la dame Houillon demandait grâce pour eux, l'officier lui enjoignit de se taire, en lui mettant le canon de son revolver sur la poitrine.

jambe en tombant de cheval, et s'étant trouvé engagé sous sa monture, il avait été assailli par des uhlans qui lui avaient volé sa montre et sa chaîne, et dont l'un, lui ayant pris sa carabine, lui en avait déchargé un coup dans l'œil.

Sept soldats français auxquels M. Weiss a aussi donné des soins, lui ont affirmé avoir vu les ennemis achever des blessés sur le champ de bataille. Comme ils avaient feint d'être morts pour échapper au massacre, des Allemands leur avaient porté des coups de crosse, afin de reconnaître s'ils étaient encore vivants.

Au même hôpital, un soldat allemand, atteint d'une blessure au ventre, a confié à M. le docteur Rohmer qu'elle lui avait été faite d'un coup de revolver par son officier, parce qu'il avait refusé d'achever un blessé français. Enfin, un autre Allemand, porteur d'une plaie au dos, produite par un coup de feu tiré à bout portant, a déclaré au docteur Weiss que, pour obéir à l'ordre d'un officier, un soldat avait tiré sur lui, afin de le punir d'avoir transporté dans un village situé à proximité du champ de bataille, plusieurs blessés de notre armée.

Le 25 août, à Einvaux, des Allemands ont ouvert le feu à 300 mètres, sur le docteur Millet, médecin-major au ...e régiment colonial, au moment où, aidé de deux brancardiers, il faisait un pansement à un homme couché sur une civière. Comme il leur présentait le côté gauche, ils voyaient parfaitement son brassard. Ils ne pouvaient, d'ailleurs, se méprendre sur la nature de la besogne à laquelle les trois hommes étaient occupés.

Le même jour, le capitaine Perraud, du même régiment, ayant remarqué que les soldats d'une section prise pour objectif par ses mitrailleuses, portaient des pantalons rouges, a donné l'ordre de cesser le feu. Immédiatement, cette section a tiré sur lui et sur ses hommes. Elle était composée d'Allemands déguisés.

Veuillez agréer, monsieur le président, l'assurance de notre respectueux dévouement.

G. PAYELLE, *président.*
ARMAND MOLLARD.
G. MARINGER.
PAILLOT, *rapporteur.*

Paris, le 17 décembre 1914.

---

## Comment ils ont traité nos médecins-majors et nos soldats ambulanciers.

## Rapport du Docteur D..., médecin aide-major de 1re classe.

---

Le docteur D... était chef d'une ambulance de première ligne et fut fait prisonnier dans les circonstances suivantes :

Médecin aide-major de 1re classe, du ...e régiment territorial d'infanterie, j'avais été chargé d'installer une infirmerie dans la Brasserie de Recquignies. Pendant 8 jours, du 29 août au 6 septembre, nous y fûmes bombardés. Tout autour de nous tombèrent des obus, l'un d'eux même pénétra, dans la nuit du 29 au 30 août, par le toit et éclata dans l'infirmerie, dans une pièce où il n'y avait heureusement personne, et sans faire d'autres dégâts que des dégâts matériels. Pendant ces huit jours de bombardement je n'eus à déplorer aucun accident à mon personnel. Nous eûmes de nombreux blessés à soigner et, le 6 septembre, lorsque les Allemands, après s'être emparés de l'ouvrage de Roch, arrivèrent dans mon infirmerie, le personnel infirmier comprenait :

Docteur D..., médecin aide-major de 1re classe, médecin de l'infirmerie;

Docteur B..., médecin aide-major de 1re classe, attaché à l'ouvrage de Roch et qui vint me rejoindre lors de l'évacuation de Roch, le 6 septembre vers 8 heures du matin;

Docteur C..., médecin auxiliaire;

Un caporal infirmier;

Cinq infirmiers.

Deux ordonnances de médecins, porteurs du brassard de la Croix-Rouge.

Dans mes salles étaient 70 blessés et malades.

Le 6 septembre, vers 9 h. 1/2 du matin, un cri retentit dans l'infirmerie : « Les voilà ! » Presque aussitôt, une bande d'une vingtaine d'Allemands, sous la conduite d'un sous-officier, se précipita en vociférant. Je me présentai à la porte de l'infirmerie, où flottait la Croix-Rouge. Le sous-officier, toujours criant et revolver au poing, entra, suivi de ses hommes, baïonnette au canon. Il fit le tour des salles en mettant littéralement son revolver sous le nez de chaque blessé. Si la blessure n'était pas apparente à la partie supérieure du corps, il rejetait les couvertures d'un geste brutal, pour voir si les membres inférieurs étaient atteints. L'infirmerie fut visitée du haut en bas, pour s'assurer que nous n'avions pas d'armes, et un officier, qui arriva à ce moment, me dit : « Vous êtes tous prisonniers, et vous êtes personnellement responsable du personnel, des blessés et du matériel. »

Vers 10 h. 1/2, les Allemands m'ordonnèrent de venir, avec le médecin auxiliaire et tout le personnel infirmier. Tous porteurs du brassard de la Croix-Rouge, nous eûmes à nous rendre près du passage à niveau de Recquignies, au milieu des balles qui sifflaient autour de nous, et nous donnâmes nos soins, dans deux petites maisons (*a* et *b*), à des soldats allemands blessés et à quatre ou cinq civils qui venaient d'être blessés, *car les Allemands les avaient fait avancer devant eux pour se protéger.*

Quand les pansements furent terminés, les Allemands me renvoyèrent à l'infirmerie avec le médecin auxiliaire, mais ils conservèrent tout mon personnel infirmier pour porter sur nos brancards les blessés allemands à Boussois.

Les heures se passèrent et j'étais extrêmement inquiet sur le sort de mes infirmiers, lorsque, vers une heure et demie de l'après-midi seulement, je les vis apparaître dans la cour de l'infirmerie. Il faut avoir assisté à ce spectacle pour se faire une idée de la scène qui se présenta à mes yeux. Six infirmiers valides portaient trois infirmiers blessés, poussant des cris d'effroi et de souffrance.

Après les pansements faits et la première émotion passée, le caporal infirmier me rapporta les faits suivants qui furent attestés par tous :

Après m'avoir quitté, les infirmiers durent transporter les blessés allemands à Boussois en passant la Sambre sur un pont de bateaux, car le pont de bois avait sauté. A Boussois, ils rencontrèrent deux infirmiers du 4e territorial qui se joignirent à eux. Là, un officier allemand (un général, d'après leurs dires) dit à mon caporal et à mes infirmiers : « Vous voyez ces deux maisons, en retournant à Recquignies vous allez les brûler, et si vous ne le faites pas, vous serez fusillés. »

A Recquignies, sous la conduite de soldats allemands, les infirmiers furent menés dans la maison du maire et dans celle du médecin. Ils furent obligés d'y mettre de la paille et de l'allumer. Quelques instants après, les maisons flambaient.

Sous la conduite de sentinelles, les infirmiers furent menés dans la maison du maire de Recquignies (lieutenant dans un fort) et dans celle du médecin du pays. Ils furent obligés de prendre de la paille, de la mettre sous les lits et de l'allumer. Quelques instants après, les maisons flambaient.

Après cet exploit, les infirmiers regagnaient l'infirmerie, quand, arrivés au passage à niveau, on les fit mettre en ligne tous les dix sur la voie du chemin de fer — les bras en l'air, pour permettre à une compagnie allemande de se protéger derrière eux au moment où elle voulait traverser le passage à niveau qui était à ce moment le but du tir des Français cachés dans le bois des Bons-Pères; mais à ce moment une autre compagnie allemande déboucha de la route et, voyant mes dix infirmiers rangés les bras en l'air, tira sur eux.

Trois de mes infirmiers tombèrent. Le plus gravement atteint avait la jambe droite fracturée : une balle lui avait traversé le tibia, le faisant éclater en multiples fragments; quand il arriva à l'infirmerie, sa jambe droite ballottait comme un membre de polichinelle (comme nous disons en médecine). Un second avait une balle qui lui avait traversé la cuisse droite, un troisième avait reçu une balle dans la jambe droite. Un quatrième me revint également blessé. Ne mettant pas assez d'empressement à se mettre en rang à côté de ses camarades, il avait reçu des coups de crosse dans le dos et il crachait le sang. Trois semaines après cet acte odieux, ce soldat avait encore des hémoptysies.

Le lendemain 7 septembre, des médecins allemands arrivèrent avec des infirmiers et des ambulances. Contrairement à la convention de Genève, ils m'enlevèrent mon sabre et mon revolver, qui étaient dans une maison voisine, mon cheval et son harnachement. Les blessés les plus graves furent transportés en Belgique, les moins graves et nous trois médecins, on nous expédia sur la gare de Beaumont (Belgique), — où, sans une explication, et malgré nos protestations, on nous embarqua pour l'Allemagne. — Nous passâmes la première nuit dans un wagon de 3e classe, tellement comble que des hommes couchaient ou étaient assis dans le couloir médian. Pour la deuxième nuit on nous mit dans un wagon à bestiaux où il n'y avait même pas de paille.

Le voyage dura à peu près deux jours, pendant lesquels une seule boule de pain pour trois nous fut donnée pour toute nourriture.

Arrivés au camp de S..., le 9 septembre, nous restâmes jusqu'au 23 novembre. Puis, en traversant l'Allemagne, nous arrivâmes en Suisse, dont l'accueil sympathique nous toucha profondément. Enfin, le 28 novembre, nous touchions le sol de la patrie; heureux, oh ! combien, de notre liberté !

## Ils volent nos blessés puis les abandonnent.

Témoignage du soldat Constant B..., originaire de Pruillé-le-Chétif, témoignage qui a été recueilli par le maire de cette localité :

Mon bataillon a donné constamment jusqu'au 8 septembre, date à laquelle j'ai eu le poumon droit traversé par une balle ennemie. Tout d'abord il ne me sembla pas être atteint, tant la grande quantité de sang sortant de la plaie me réchauffait. Je pus même tirer encore vingt-sept cartouches après avoir reçu cette grave blessure. Ensuite, je tombai sans connaissance, tandis que mon bataillon suivait la retraite vers le sud.

Je restai abandonné pendant trois jours. Le 11 au soir, je fus retrouvé par un major allemand. Ses brancardiers me relevèrent et commencèrent par me dépouiller consciencieusement de mon argent et de tout ce que j'avais sur moi. Puis, ces barbares me jetèrent et m'abandonnèrent comme du linge sale, à Rembercourt (Meuse), dans une masure aux toits écroulés, aux murs calcinés. Une seule maison du bourg, celle du notaire, m'a-t-on dit depuis, était restée indemne. Les blessés allemands y étaient confortablement déposés.

Sept autres blessés français avaient le même sort que moi. On les avait, isolément, abandonnés dans d'autres ruines, avec défense, sous peine de mort, à la population civile restée dans le village saccagé, de leur procurer aucune nourriture, aucun soin.

Cependant de bons vieillards passèrent outre. En cachette, ils m'apportèrent du bouillon et un peu de café. Ma reconnaissance pour eux ne s'éteindra qu'avec ma vie. Ils m'ont sauvé. Leur sort a été triste. Le mari a eu les deux bras brisés par un Prussien pour avoir osé dire : « Quelle triste chose que la guerre ! »

Mes sauveurs vivaient dans un trou pratiqué par eux dans un tas de paille aux trois quarts consumé. Tout ce qu'ils possédaient avait été la proie des flammes.

Mes camarades et moi avons été découverts douze jours après par des médecins français. Douze jours sans pansement ! Les hémorragies m'avaient anéanti.

Dirigé sur Moulins, j'ai été admirablement soigné, je suis aujourd'hui convalescent, mais le major me dit qu'il me faudra attendre plus de trois mois avant d'aller démolir d'autres boches. J'ai hâte d'être guéri pour retourner au feu.

Souvent, — mille exemples le prouvent — les majors et brancardiers allemands ne se bornent pas à voler, puis à abandonner nos blessés. Ils les achèvent !...

## Les soldats allemands avouent avoir reçu l'ordre d'achever nos blessés.

*Le ministre d'Allemagne à Berne ayant démenti l'ordre du général Stenger qui ordonnait de tuer les prisonniers et les blessés, l'ambassadeur de France a communiqué à la* Gazette de Lausanne *le texte de ce document qui est daté du 26 août 1914 et qui est ainsi conçu :*

*« A partir d'aujourd'hui, il ne sera plus fait de prisonniers. Les prisonniers seront tous abattus. Les prisonniers même en groupes constitués plus importants seront abattus. Aucun homme ne doit rester vivant derrière nous. »*

Le général commandant la 58e brigade,

Général STENGER.

A l'appui de ce document, l'ambassadeur a fait connaître les témoignages provenant de prisonniers allemands des 112e et 142e régiments d'infanterie allemande qui ont prêté serment et signé leurs dépositions.

Le soldat du 142e a déposé que, le 26 août, vers 3 heures, il était avec son bataillon à l'avant-garde dans la forêt de Thiaville, quand l'ordre de la brigade ordonnant d'achever les blessés et de ne plus faire de prisonniers a été transmis dans les rangs et répété d'homme à homme. Ce prisonnier a ajouté qu'aussitôt après communication de cet ordre dix ou douze blessés français qui gisaient çà et là à l'entour du bataillon ont été achevés à coups de fusil.

Le soldat du 112e a témoigné que le même jour, entre 4 et 5 heures, les blessés français qui se trouvaient sur les côtés de la route de Thiaville à Saint-Benoît avaient été tués par ordre du chef du 1er bataillon.

D'après le témoignage d'un sous-officier, l'ordre de tuer les blessés et les prisonniers aurait été donné dès le 9 août, à la suite de la bataille de l'île Napoléon où les Allemands éprouvèrent de grosses pertes.

## Le sort de nos prisonniers de guerre dans les camps allemands.

*Voici un témoignage accablant. C'est celui d'une femme de lettres danoise — Mme Karen Bramson — qui, en Suisse, a eu l'occasion de mener une enquête impartiale et approfondie auprès des prisonniers français tuberculeux, internés dans les sanatoriums, en vertu des conventions internationales que l'on connaît. Les renseignements qu'elle a recueillis auprès d'eux sur la façon dont les Allemands martyrisent, dans leurs camps, nos malheureux compatriotes, sont divulgués en ce moment même dans les pays neutres, et particulièrement en Amérique. Ils y soulèvent une émotion et une indignation considérables.*

Le gouvernement allemand a pu essayer d'expliquer les cruautés commises sur le champ de bataille ou dans les pays envahis en prétendant qu'il s'agissait de crimes exceptionnels dus à quelques soldats ou à quelques officiers en délire. Une honte dont il ne se lavera par aucun sophisme, c'est celle que lui inflige le traitement voulu par lui, des prisonniers de guerre en Allemagne. Peu à peu, la vérite s'est fait jour dans la conscience du monde civilisé. On sait que les soldats alliés tombés aux mains de l'Allemagne ont été l'objet d'une tentative froidement calculée d'extermination, la même d'ailleurs qui fut appliquée avec une impitoyable méthode dans les pays envahis.

Un hasard que je n'ose dire heureux m'avait mise au courant d'incidents monstrueux. J'ai voulu en vérifier la réalité. J'ai pu obtenir l'autorisation de faire une enquête auprès d'un certain nombre de prisonniers de guerre tuberculeux, internés en Suisse, en vertu des accords internationaux que l'on sait.

De ces témoignages libres et concordants, voici le fidèle résumé :

On peut diviser en trois classes les camps où les prisonniers de guerre subissent leur internement :

1° Les camps officiels et de « parade » que l'on montre à quelques diplomates ou à quelques neutres ;

2° Les camps de représailles, dont la suppression est depuis longtemps promise et où le gouvernement allemand a lui-même reconnu que le traitement des prisonniers était exceptionnellement « dur » ;

3° Le troisième type de camps de prisonniers est constitué par les chantiers de travail qui donnent, paraît-il, à l'Allemagne, entière satisfaction. Leur raison d'être est de tirer de la main-d'œuvre prisonnière le maximum de rendement et de bénéfices. Bénéfice double, car les prisonniers soumis à ces travaux forcés rentreront chez eux, à la paix, usés, malades au point d'être pendant de longues années inutilisables, en attendant qu'ils succombent à une lente consomption.

Pour que le public puisse se rendre compte du régime de ces bagnes, je donnerai ici un rapport émané d'un médecin français, témoin oculaire. Ces observations ont été prises au camp de Güstrow.

« Depuis l'arrivée des premiers prisonniers (fin septembre 1914), jusqu'au milieu de février 1915, le traitement des prisonniers internés dans ces camps fut un défi à l'humanité.

« Sous le climat rigoureux du Mecklembourg, par la neige, au milieu des tempêtes de vent et de pluie glaciale, les hommes, en janvier, sont encore parqués sous la tente ou plutôt dans le fumier et la boue, couverts d'une vermine grouillante, torturés par le froid et la faim. Chaque nuit, un de ces malheureux succombe. Chaque jour, à l'heure des distributions, c'est une ruée indescriptible vers l'écuelle de soupe ou le morceau de pain. Des vieillards, prisonniers civils, sont bousculés, jetés à terre. Trop épuisés pour pouvoir se relever, des affamés se jettent à plat ventre dans la boue pour laper quelques cuillerées de liquide tombé de la marmite. Et les gardiens allemands les relèvent à coups de gourdin quand ce n'est pas à coups de baïonnette !

« Je puis citer les noms de quelques-unes des brutes allemandes responsables de ces cruautés : l'infirmier Schultz, les gradés Schwager, Deckmann, Appell. Le plus infâme de tous est sans doute « l'Inspektor » du camp, un certain Abraham, qui allait jusqu'à dépouiller les prisonniers de leurs chaussures pour augmenter les morsures du froid. A signaler encore le cuisinier Schmidt qui avait trouvé le moyen d'attirer les affamés en abandonnant, en apparence, près des cuisines, un bassin rempli d'aliments. Les malheureux, pris au piège, venaient y remplir leur écuelle. Alors Schmidt et ses complices leur tombaient dessus à coups de bâton.

« Je n'oublierai pas le « médecin en chef » choisi pour diriger ces bourreaux. C'est un étudiant en médecine nommé Dekker, du grade de *unteraerzt* (quelque chose comme un adjudant de notre service sanitaire). Ce carabin, de valeur médicale douteuse et de valeur morale certainement nulle, a eu sous ses ordres jusqu'à 20.000 prisonniers! Incapable de les guérir, il reste responsable de la mort d'un grand nombre d'entre eux.

« Comme toujours, et comme partout en Allemagne, les plus maltraités étaient les Anglais. Ceux-là sont toujours les derniers servis; s'ils sont malades, les plus mal soignés. Rongés de faim, on voit ces pauvres êtres squelettiques, autrefois si dignes, si fiers, si gentlemen, vendre un à un leurs vêtements pour se procurer un morceau de pain. Quand ils n'ont plus ni chemise, ni chaussettes, ni couverture, à bout de forces, littéralement nus, ils échouent à l'hôpital.

« La première visite dans les salles de la baraque que l'on décore de ce nom d'hôpital offre un spectacle à vous arracher le cœur. Comment contempler d'un œil sec ces visages décharnés, ces yeux brillants dans la profondeur des orbites, ces moribonds étendus sur des paillasses souillées, recouverts de loques et de vermine? Certains d'entre eux étaient la proie des poux au point que l'on ne pouvait distinguer sur leur corps un intervalle de peau saine!

« Pour avoir le droit de se dire malade, il faut avoir au moins 39° de température. A 38°5, on est classé parmi les « convalescents ».

« Pas de remèdes, ou si peu! Chaque jour, pour cent ou cent cinquante malades, distribution de six à huit litres de lait.

« Depuis longtemps, aucun objet de pansement n'existe. L'arsenal chirurgical comprend en tout : deux ou trois bistouris, une ou deux pinces hémostatiques, une sonde cannelée, un stylet, deux paires de ciseaux. Telle est la vie à l'hôpital du camp de Güstrow.

« Beaucoup d'hommes n'ont même pas l'abri d'une baraque et sont encore sous la tente. Par des chemins de boue, fondrières ou cloaques où l'on disparaît à mi-jambe, on nous a conduits dans cette partie du camp. Les tentes de toile, de forme rectangulaire, sont établies dans un bas-fond. De quarante à soixante hommes y peuvent trouver place. Quelques-unes, de dimensions exceptionnelles, abritent plusieurs centaines d'individus.

« Quand il pleut, l'eau transperce la toile ou gicle par les fissures. Elle s'étend sur un sol détrempé qui ne l'absorbe plus. Dans les tentes, trop basses pour qu'on puisse rester debout, et où il est devenu impossible de se coucher, la nuit se passe à grelotter.

« Le 31 janvier seulement, un général inspecteur a visité le camp et ordonné quelques réformes. Il était temps. Tous les jours on enregistrait deux ou trois décès causés par le froid.

Le cuisinier allemand Schmidt attirait les prisonniers français affamés en laissant près des cuisines un bassin rempli d'aliments. Les malheureux, pris au piège, venaient y remplir leur écuelle. Alors, Schmidt et ses complices leur tombaient dessus à coups de bâton.

« A la date du 3 février, je trouve sur mon carnet ce détail : la paille a manqué pour garnir les paillasses. On a trouvé enfouis sous le fumier, complètement nus, trois Anglais oubliés qui n'avaient pas eu la force de se lever. On les a réchauffés, alimentés comme on a pu. Ils n'ont pas succombé !

« A l'heure présente, la mortalité au camp de Güstrow devient de plus en plus inquiétante, particulièrement chez les Russes et les Anglais. Ils meurent moins de maladie que de misère physiologique. Ainsi s'accomplit cette série préméditée de lents assassinats. »

(Extrait du *Matin.*)

N. B. — Ces quelques faits sont pris entre mille. Nous saurons plus tard, en détail, tout ce qu'ont souffert les malheureux prisonniers de guerre des puissances alliées internés dans les Gefangenenlagers allemands.

A. M.

## TROISIÈME PARTIE

# Documents véridiques prouvant l'organisation méthodique et voulue des massacres, incendies et pillages.

### Les officiers allemands ordonnaient les massacres.

Un déserteur allemand a fait les déclarations suivantes qu'il a signées de son nom. Il se nomme Karl-Johannes Kaltenschnee et appartient à la 9e compagnie du régiment comte Bulow von Tennenwist. Il s'exprime ainsi :

« C'est principalement à Verviers que des actes scandaleux ont été commis. On avait répandu le bruit que des civils avaient tiré de leurs maisons sur nous et nous reçûmes l'ordre de fusiller tout ce que nous rencontrerions, sans autre forme de procès, même les femmes et les enfants. J'ai vu des enfants pleurant, s'accrochant aux robes de leurs mères sans défense, sortir d'une meule de paille dans laquelle elles avaient cherché un abri et j'ai vu comment ces mères et leurs enfants furent tués lâchement et froidement. *Bien que nous fûmes obligés d'obéir, sous peine de mort, à tous les ordres de nos officiers, j'ai vu de mes compagnons qui accomplissaient avec joie leur lugubre travail de massacre.* A un certain moment je fus moi-même obligé de fusiller deux garçons âgés respectivement de quinze et de douze ans dont le père avait déjà été tué. Je ne m'en sentis pas le courage et déjà j'avais mis l'arme bas, attendant d'être exécuté moi-même, quand un de mes camarades, se moquant de ma sentimentalité, me sauva en me jetant sur le côté et en tirant lui-même sur les deux gosses. L'aîné tomba raide mort et le second, qui reçut une balle dans le dos, fut achevé d'un coup de revolver.

« A Liége, nous perdîmes la moitié de nos troupes en tués et blessés.

« Dans les environs de Lille, nous en vînmes aux mains avec les turcos et réussîmes à faire quelques prisonniers. Quand leur nombre n'était pas trop élevé, par exemple trois ou quatre, *nos officiers ne se donnaient pas la peine de les envoyer à un quartier derrière le front et nous ordonnaient de les fusiller.* Je me rappelle, entre autre cas, celui du *major von Botzwitz*, qui, aux environs de Reims, *ordonna de tuer deux turcos prisonniers*, afin d'être déchargé du soin de les conduire, sous escorte armée, à l'un ou l'autre quartier.

« *Les soldats allemands sont devenus féroces comme des bêtes et ne pensent qu'à tuer et à piller.*

« Dans le nord de la France, nous avons assisté ainsi que cela fut le cas en Belgique, à des atrocités sans nombre et absolument inutiles. *Pour le simple plaisir de détruire*, tous les immeubles furent réduits en cendres, pillés et les habitants massacrés. *Les officiers prêchaient d'exemple et tout s'exécutait suivant leurs ordres.*

« Mon régiment comprenait 3.000 hommes.

« Actuellement il en reste encore 200. Tous les officiers et sous-officiers de ma compagnie furent tués et quatre hommes seulement, moi compris, survivent encore.

« Quand nous nous trouvions dans les tranchées, nous ne recevions de la nourriture que le soir : du riz et du pain, en quantité absolument insuffisante, et je maigrissais à vue d'œil.

« Le jour où nous désertâmes l'armée allemande, nous étions quatre. L'un de nous fut tué dans une ferme des environs de Tournai où une troupe allemande, qui avait découvert notre cachette, était venue nous attaquer et les deux autres ont fui dans une direction opposée à la mienne. J'ignore quel sort leur a été réservé, mais pour ma part je suis heureux d'être en pays neutre et dès que les circonstances le permettront, je partirai pour l'Amérique, *disant adieu à ce pays qui fit couler tant de sang et qui n'est gouverné que par des barbares.* »

### Fusilleurs et pillards. Une lettre de « Gustav ».

*Voici la lettre qu'un soldat allemand adressait à ses parents et qui fut saisie sur lui au moment où il fut fait prisonnier. Elle révèle, avec une naïveté... touchante, l'organisation systématique du pillage et de l'incendie. Quant aux prétendues victoires dont s'enorgueillit le fervent disciple du kaiser, il y a des chances pour qu'à cette heure il soit édifié sur leur réalité.*

Frontière de France, 28 septembre 1914.

Chers parents et sœurs,

Je tiens à vous dire que, jusqu'à présent, je me suis toujours bien porté, j'espère en outre que votre santé est bonne. Il est difficile de vous décrire la vie que nous menons; nous sommes déjà en Alsace et nous nous sommes rencontrés avec les Français, et pendant vingt-sept jours nous avons combattu avec eux et les avons repoussés sur le territoire français sur une distance de 50 kilomètres. Cela nous a coûté beaucoup de sueur et de sang. Je suis bicycliste attaché à l'état-major du corps d'armée et puis remercier Dieu d'en être sorti à si bon compte.

Après ces vingt-sept jours de combats, nous avons été commandés pour aller au nord. Nous avons marché pendant six jours et sommes arrivés à Sarrebourg; ensuite nous avons voyagé jour et nuit en chemin de fer, en passant par la Belgique pour descendre à la station de Cambrai. Nous sommes repartis à pied et, finalement, le 26 septembre, nous sommes retombés avec les Français. Nous nous sommes battus aussi le 27 et le 28 septembre et tous les jours les Français ont été repoussés.

*Nous n'avons pas besoin d'argent car nous achetons tout avec nos fusils.* Vous devez remercier Dieu de ce que la guerre ne se fait pas en Allemagne, car des villages entiers et quelquefois la moitié de la population des villes sont fusillés. Dans le commencement, c'est terrible quand on doit le faire. Je vais terminer ma lettre, car je n'ai plus de temps, etc., etc...

Votre fils : GUSTAV.

## QUATRIÈME PARTIE

# SOUS LA BOTTE ALLEMANDE

### Les déportations des populations civiles des départements du nord de la France pendant la semaine sainte de 1916. Le régime de terreur dans les villes occupées.

Il y a deux mois environ, 22-5-16, une rumeur indignée franchissait les barrages des fronts adverses et se répandait parmi les réfugiés des pays envahis. Elle venait des départements du Nord occupés par la soldatesque ennemie et elle apportait la nouvelle de ses inqualifiables exactions.

Vers la fin d'avril 1916, les autorités militaires allemandes avaient brusquement imaginé d'arracher à leurs familles 25.000 de nos compatriotes pour les obliger, loin de là, à des travaux agricoles.

A Roubaix, à Tourcoing, surtout à Lille, cette évacuation brutale s'exerça sans merci. Jeunes filles de seize à vingt ans, jeunes femmes, hommes, valides ou malades jusqu'à cinquante-cinq ans, tous étaient pris, séparés les uns des autres, comme des bêtes de troupeau, et transportés dans l'Aisne et les Ardennes pour y travailler la terre au profit des boches.

A demi révélés par la presse, qui hésitait à les croire véritables, ces faits demeuraient enveloppés de mystère. Le gouvernement français ordonna le silence et prescrivit une enquête difficile, mais nécessaire, dans les pays envahis. Elle fera l'objet, on le sait, d'un Livre jaune spécial. En attendant, voici les faits qui se sont passés à Lille, en avril 1916.

## La réquisition.

Le chef des soudards de qui dépendait le sort de ces malheureuses populations, le général von Grœveditz, avait fait afficher pendant la semaine sainte une proclamation. Il se plaignait hypocritement que les Lillois soient restés sourds à ses appels quand il demandait de la main-d'œuvre; il déplorait d'être obligé de « réquisitionner » cette main-d'œuvre et, changeant brusquement de ton, il annonçait l'évacuation *par ordre*, en ajoutant avec une froide insistance que, la mesure étant *irrévocable*, ce qu'il y avait de mieux à faire était de rester calme et obéissant.

En voici, d'ailleurs, le texte intégral :

### PROCLAMATION
### DU COMMANDANT MILITAIRE ALLEMAND DE LILLE

*L'attitude de l'Angleterre rend de plus en plus difficile le ravitaillement de la population.*

*Pour atténuer la misère, l'autorité allemande a demandé récemment des volontaires pour aller travailler à la campagne. Cette offre n'a pas eu le succès attendu.*

*En conséquence, les habitants seront évacués par ordre et transportés à la campagne. Les évacués seront envoyés à l'intérieur du territoire occupé de la France, loin derrière le front, où ils seront occupés dans l'agriculture et nullement à des travaux militaires.*

*Par cette mesure, l'occasion leur sera donnée de mieux pourvoir à leur subsistance.*

*En cas de nécessité, le ravitaillement pourra se faire par les dépôts allemands.*

*Chaque évacué pourra emporter avec lui 30 kilogrammes de bagages (ustensiles de ménage, vêtements, etc...) qu'on fera bien de préparer dès maintenant.*

*J'ordonne donc : Personne ne pourra, jusqu'à nouvel ordre, changer de domicile. Personne non plus ne s'absentera de son domicile légal déclaré, de 9 heures du soir à 6 heures du matin (heure allemande) pour tant qu'il ne soit pas en possession d'un permis en règle.*

*Comme il s'agit d'une mesure irrévocable, il est de l'intérêt de la population même de rester calme et obéissante.*

*Lille, avril* 1916.

LE COMMANDANT.

## La terreur à Lille.

Ce fut la terreur. Dans chaque famille, une angoisse étreignit tous les cœurs. Qui ces brutes allaient-elles choisir? Sur lequel des êtres chers allait se fixer leur caprice de sabreurs? Et vers quel inconnu s'en allaient disparaître les infortunées victimes de leur choix.?

Par un raffinement où se révèle chez les hauts militaires allemands un goût sadique de tortureur, l'opération sinistre commença la nuit du samedi saint, trois heures après minuit.

Pourquoi? Pourraient-ils le dire?

Des maisons avaient été choisies par le commandant d'étape et elles étaient marquées d'une affiche ainsi conçue :

*AVIS*

(Texte français.)

*Tous les habitants de la maison, à l'exception des enfants au-dessous de 14 ans et de leurs mères, ainsi qu'à l'exception des vieillards, doivent se préparer pour être transportés dans une heure et demie.*

*Un officier décidera définitivement quelles personnes seront conduites dans les camps de réunion. Dans ce but, tous les habitants de la maison doivent se réunir devant leur habitation : en cas de mauvais temps, il est permis de rester dans le couloir. La porte de la maison devra rester ouverte. Toute réclamation sera inutile. Aucun habitant de la maison, même ceux qui ne seront pas transportés, ne pourra quitter la maison avant huit heures du matin (heure allemande).*

*Chaque personne aura droit à 30 kilogrammes de bagages ; s'il y a un excédent de poids, tous les bagages de cette personne seront refusés sans égards. Les colis devront être faits séparément pour chaque personne et munis d'une adresse lisiblement écrite et solidement fixée. L'adresse devra porter le nom, le prénom et le numéro de la carte d'identité.*

*Il est tout à fait nécessaire de se munir, dans son propre intérêt, d'ustensiles pour boire et manger, ainsi que d'une couverture de laine, de bonnes chaussures et de linge. Chaque personne devra porter sur elle sa carte d'identité. Quiconque essaiera de se soustraire au transport sera impitoyablement puni.*

ETAPPEN-KOMMANDANTUR.

## Angoisse dans la nuit.

... Des rues entières avaient ainsi toutes leurs maisons condamnées, comme cela s'était passé dans l'Orient barbare, il y a des siècles, pour le massacre des Innocents.

C'est la nuit. Dans la maison marquée pour l'attentat nul ne dort. Lumières éteintes, serrés les uns contre les autres, ces malheureux, rassemblés peut-être pour la dernière fois, écoutent avec angoisse se rapprocher la patrouille.

La rue a été barrée par des cordons de troupes : des mitrailleuses sont braquées à chacune de ses extrémités. Un colonel dirige ce valeureux assaut. Les soldats pénètrent dans la maison; ils font ranger la famille dans la plus grande pièce; un officier passe et désigne à son gré, d'un geste rapide, les personnes qui vont partir.

— Celui-ci... celle-là !

« On a pris, écrit un témoin, hommes, femmes, jeunes gens, jeunes filles dans tous les milieux. On enleva des jeunes filles à partir de seize ans, des femmes et des hommes jusqu'à cinquante-cinq ans. Ces malheureux, après un répit de vingt minutes à une heure, étaient emmenés en attendant leur départ dans un local de concentration, église ou école, où ils étaient parqués en troupeaux, les femmes publiques mêlées aux jeunes filles honnêtes. »

Ecoutez cet autre témoignage rapporté par le *Temps :*

« Antoine D... et sa sœur, vingt-deux ans, furent emmenés; à grand'peine on laissa le jeune frère, qui n'a que quatorze ans, et la grand'mère, malade de douleur et d'effroi, dut être administrée de suite; on laissa enfin revenir la jeune fille; mais ici un vieillard, là deux infirmes ne purent obtenir de garder la fille qui était leur seul soutien. Et partout ils ricanaient, ajoutant la vexation mesquine à l'odieux. Ainsi on laisse à M<sup>me</sup> X... le libre choix entre ses deux bonnes; elle donne la faveur à la plus ancienne. « Bien, lui répond-on, alors c'est celle-là que nous prenons. » La jeune M<sup>lle</sup> Z..., qui sort de la typhoïde et d'une bronchite, voit le sous-officier qui emmenait sa bonne s'approcher d'elle : « Quelle triste besogne on nous fait faire. — Plus que triste, monsieur, on pourrait dire barbare. — Voilà un mot bien dur, vous n'avez pas peur que je vous vende? » Et, de fait, le traître la dénonce. On lui donne sept minutes et on l'emmène tête nue, en chaussons, à la recherche du colonel qui préside à cette noble bataille et qui la condamne aussitôt à partir, malgré l'avis du docteur. Et ce n'est qu'à son énergie inlassable et à la pitié d'un moins féroce que les autres qu'elle obtient, à cinq heures du soir, d'être relâchée après une journée d'un véritable calvaire. »

## Comme des esclaves.

Ces enlèvements se prolongèrent à Lille pendant une semaine, suspendus seulement — ce fut la seule atténuation consentie par l'envahisseur — le jour de Pâques. « La ville est complètement dans la douleur, voilà notre semaine de Pâques, » écrit un témoin. Personne n'a dormi pendant huit jours, se disant toujours : « Sera-ce pour cette nuit? » A 3 heures du matin, on entendait les patrouilles. Et un autre demande : « Que reste-t-il de plus à exiger de nous, si ce n'est de nous vendre sur les places publiques des villes allemandes? »

En effet, parqués dans le premier hangar venu, les malheureux évoquaient implacablement le souvenir tragique des anciens marchés d'esclaves. On les conduisait à la gare en troupeau, pêle-mêle, et, par une ironie qui méritera vengeance, ils s'en allaient musique en tête. On les transportait dans les départements envahis de l'Aisne et des Ardennes, où ils furent tout d'abord et contrairement à la vérité, présentés à leurs compatriotes par les autorités allemandes comme des travailleurs volontaires. Non seulement ils furent contraints à l'exécution de travaux agricoles, mais nombre de femmes durent faire la cuisine et la lessive des soldats et remplacer les ordonnances des officiers.

Ces départs ont été souvent empreints de la plus émouvante beauté. Des témoins ont raconté que des groupes entiers partaient tête haute, criant : « Vive la France ! » et chantant la *Marseillaise*. Des mères, auxquelles on arrachait leurs enfants, restaient droites et sans larmes, très dignes malgré leur affreuse pâleur. Et les jeunes filles s'en allaient, dans un silence grave, escortées par un soldat baïonnette au canon jusqu'à ce qu'elles aient perdu de vue leurs parents, obligés, *par ordre*, de rester chez eux.

## Deux protestations.

Quand ils furent témoins de ces faits, le maire de Lille, M. Delesalle, et l'évêque, Mgr Charost, adressèrent l'un et l'autre aux autorités allemandes des protestations d'une éloquente énergie, qui sont à l'heure actuelle de véritables réquisitoires.

Voici d'abord celle du maire :

*Monsieur le gouverneur,*

*Retenu chez moi par la convalescence, j'apprends avec une indicible émotion une nouvelle que je veux encore me refuser à croire. L'on me dit que l'autorité allemande aurait l'intention d'évacuer sur une partie du territoire occupé une notable partie de notre population. Après les déclarations officielles que vous avez affichées sur les murs, que la guerre n'était pas faite aux civils, que les droits, les biens et la liberté de la population leur seraient garantis à la seule condition qu'elle se maintienne dans le calme, je n'aurais jamais pu croire qu'une pareille mesure pût être en usage, S'il devait en être ainsi, je me permettrais, comme premier magistrat de notre cité, d'adresser la plus énergique protestation contre ce que je considérerais comme une violation absolue du droit des gens universellement reconnu.*

A Lille, les Allemands enlèvent des jeunes filles, des femmes et des hommes jusqu'à cinquante-cinq ans. Ces malheureux furent emmenés, en attendant leur départ, dans des locaux où ils étaient parqués en troupeaux.

*Détruire et briser les familles, arracher par milliers de leurs foyers des citoyens paisibles, les forcer à abandonner leurs biens sans protection, serait un acte de nature à soulever la réprobation générale.*

*Nos soldats, comme les vôtres, font vaillamment leur devoir, mais toutes les conventions internationales s'accordent à laisser la population civile en dehors de cet effroyable conflit.*

*Je veux donc espérer, Excellence, que pareille éventualité ne se produira pas.*

Voici maintenant celle de Mgr Charost :

*Au général von Grœveditz.*

*Monsieur le général,*

*Il est de mon devoir de vous signaler qu'un état d'esprit frémissant se manifeste dans la population.*

*Les enlèvements nombreux de femmes et de jeunes filles, des transferts d'hommes et de jeunes gens, d'enfants même, sont effectués dans la région de Tourcoing et Roubaix sans procédure ni cause judiciaire.*

*Les malheureux ont été dirigés sur des localités inconnues. Des mesures aussi extrêmes, et sur une plus grande échelle, sont projetées pour Lille. Vous ne serez point étonné, monsieur le général, que j'intervienne auprès de vous au nom de la mission religieuse qui m'a été confiée. Elle m'implique la charge de défendre respectueusement, mais fortement, le droit international que le droit de la guerre ne peut jamais enfreindre et la moralité éternelle que rien ne peut suspendre. Elle me fait un devoir de protéger les faibles et les désarmés qui sont ma famille à moi et dont les charges et les douleurs sont les miennes.*

*Vous êtes père, vous savez qu'il n'est pas de droit plus respectable et plus saint dans l'ordre humain que celui de la famille. Pour tout chrétien, l'inviolabilité de Dieu qui l'a instituée est en elle. Les officiers allemands qui logent depuis longtemps dans nos habitations savent combien l'esprit de famille tient à nos fibres les plus intimes dans la région du Nord et fait chez nous la douceur de la vie.*

*Aussi, disloquer la famille, en arrachant des adolescents, des jeunes filles à leur foyer, ce n'est plus la guerre, c'est pour nous la torture et la pire des tortures, la torture morale indéfinie. L'infraction au droit familial se doublerait d'une infraction aux exigences les plus délicates de la moralité. Celle-ci est exposée à des dangers dont la vue seule révolte tout homme honnête du fait de la promiscuité qui accompagne fatalement des enlèvements en masse mêlant les sexes ou tout au moins des personnes de valeur morale très inégale. Des jeunes filles d'une vie irréprochable, n'ayant commis d'autre délit que celui d'aller chercher du pain ou quelques pommes de terre pour nourrir une nombreuse famille, ayant au surplus purgé la peine légère que leur avait value cette contravention, ont été enlevées. Leurs mères, qui avaient veillé de si près sur elles, et qui n'avaient que cette unique joie de les garder près d'elles, dans l'absence du père et des grands fils, partis ou tués à la guerre, sont seules maintenant. Elles portent ici et là leur désespoir et leur angoisse. Je dis ce que j'ai vu et entendu. Je sais que vous êtes étranger à ces rigueurs, vous êtes naturellement porté à l'équité, c'est pourquoi je prends la confiance de m'adresser à vous ; je vous prie de vouloir bien faire remettre d'urgence au haut commandement militaire allemand cette lettre d'un évêque dont il se représentera facilement la tristesse profonde. Nous avons beaucoup souffert depuis vingt mois, mais aucun coup ne serait comparable à celui-ci, il serait de plus aussi immérité que cruel et produirait dans toute la France une impression ineffaçable. Je ne puis croire qu'il nous sera porté. J'ai foi en la conscience humaine et je garde l'espoir que les jeunes gens et les jeunes filles appartenant à d'honnêtes familles et redemandés par elles leur seront rendus et que le sentiment de la justice et de l'honneur prévaudra sur toute considération inférieure.*

## Les aveux allemands.

Ces faits sont attestés par des témoignages irrécusables et par les deux proclamations allemandes affichées à Lille. Le gouvernement allemand en a lui-même reconnu, sinon les détails, du moins l'essentiel. A une protestation française, transmise par l'ambassade d'Espagne, le ministre allemand des Affaires étrangères a répondu sans contester le fait de l'enlèvement en vue du travail forcé, mais en déclarant, pour le justifier, que les personnes en question « sont employées aux travaux de récolte, au profit des provinces occupées, pour procurer des vivres à leurs habitants qui, d'autre façon, mourraient de faim à la suite de la politique pratiquée contre l'Allemagne par la France et l'Angleterre ».

Dès qu'il eut connaissance des faits, le gouvernement de la République pria l'ambassade d'Espagne à Berlin de vouloir bien protester à Berlin contre ces agissements.

Jamais protestation ne fut mieux fondée. Les faits sont bien établis et l'essentiel en est reconnu par le gouvernement allemand. Le droit sur lequel se fonde la protestation n'est pas moins certain.

Aucune disposition de la Convention de la Haye du 18 octobre 1907 sur les lois et coutumes de la guerre sur terre, n'autorise un tel transport de civils en vue du travail forcé.

Ni les usages établis entre les nations civilisées, ni les lois de l'humanité, ni les exigences de la conscience publique ne sont compatibles avec l'enlèvement de travailleurs auquel il a été procédé dans les villes du Nord. Le gouvernement allemand reconnaissait lui-même qu'un belligérant n'a pas le droit de contraindre au travail les civils ennemis, lorsque, le 22 mars 1916, il demandait au gouvernement français de donner des ordres « à tous les commandants de camps d'internement au sujet de l'emploi forcé à des travaux »; la déclaration qu'il demandait fut faite à plusieurs reprises. Le principe invoqué par lui à l'égard des internés civils s'applique, à plus forte raison, aux habitants du territoire occupé.

Ce travail forcé, que ne justifie aucun précédent, est un véritable retour à l'esclavage.

Ce que l'Allemagne a promis de ne pas faire vis-à-vis des peuplades africaines, elle l'a fait vis-à-vis des habitants de Lille.

## Vains arguments.

L'Allemagne a tenté de justifier ces agissements en les présentant comme une contre-partie de l'attitude de l'Angleterre, qui rendait de plus en plus difficile le ravitaillement de la population. Cette justification est inadmissible. En droit, les mesures navales prises par les Alliés contre le commerce et le ravitaillement de leur ennemi sont des actes réguliers de guerre contre lesquels leur adversaire ne peut élever aucun grief. En fait, l'autorité allemande n'a jamais pris souci de la population, dont la guerre lui livrait l'administration provisoire : le ravitaillement des habitants en aliments introduits du dehors est assuré aux frais du gouvernement français et par les soins du comité de secours hispano-américain; les produits du sol des pays occupés ont été, comme les matières premières et l'outillage industriel, réquisitionnés et envoyés en Allemagne; quand, donc, l'Allemagne contraint les Lillois au travail agricole, on est autorisé à penser que ce n'est pas dans leur intérêt, mais dans celui de sa propre alimentation.

Les protestations françaises sont restées sans effet. Il était donc nécessaire qu'une enquête rigoureuse vînt établir la matérialité du crime et que le monde entier en fût fait juge. C'est ce qu'a décidé le gouvernement français.

Le *Livre Jaune* apporte sur ces faits odieux un grand nombre de précisions accablantes.

Ces dépositions ont été faites sous la foi du serment et elles émanent de personnes de tout âge et de toute condition. Cependant leur concordance est partout absolue. La preuve est faite désormais que la population civile des départements occupés par les Allemands a été réduite à une véritable *servitude*.

A écouter la plainte affreuse de nos compatriotes, à entendre leurs révélations, on croit revivre quelque récit de sauvage conquête des temps barbares.

## Des faits.

Donc, en pleine nuit, et à coups de crosse dans les reins, une partie de la population civile est brusquement arrachée à ses foyers : vieillards, femmes, jeunes filles, jeunes gens, tout ce monde est conduit, pêle-mêle, vers l'inconnu. Dans les témoignages recueillis, ce gémissement douloureux revient à chaque instant :

« Ma femme a disparu, emmenée par eux, et je n'en ai plus jamais eu de nouvelles. »

« Qu'est devenu mon mari? Je l'ignore, ne l'ayant jamais revu. »

Ces disparus ont été transplantés pour que leur plainte reste sans écho, et ils ont été contraints à la corvée.

Des jeunes gens et des femmes ont dû creuser des trous profonds pour y enterrer les morts, français et allemands, ou pour enfouir des cadavres de chevaux. Des vieillards ont travaillé sans répit à la réfection des routes. Des jeunes filles ont été assujetties aux travaux des champs les plus durs, jusqu'à épuisement de leurs forces.

Tout cela s'accomplissait, sous la surveillance de soldats, sans paiement ni salaire, et les malheureux esclaves ne recevaient aucune nourriture. S'ils voulaient manger, il fallait qu'ils achetassent aux Allemands ce que ceux-ci voulaient bien leur vendre.

Les coups pleuvaient à la moindre défaillance. La corvée arrive-t-elle en retard, les Allemands attachent le maire à un arbre avec des cordes et le suspendent de telle sorte que ses pieds ne touchent pas terre. (Pièce 52.) Un fermier a refusé le travail; ils le déshabillent et l'envoient presque nu dans les champs, sous les balles et les obus, les yeux bandés, les mains attachées. (Pièce 40.)

Le maire de B..., âgé de soixante-huit ans, qui ne pouvait faire aucun travail, a été roué de coups. Quelques jours plus tard, il est tombé paralysé. (Pièce 36.)

A ce régime, les rangs ne tardent pas à s'éclaircir :

« Sur trente-quatre que nous étions, nous en avons enterré quinze en route. » (Pièce 64.)

Parfois, un des boches s'arrête et considère avec stupeur le troupeau humain qui résiste à tant de souffrances :

« Le capitaine d'artillerie Olop, qui est resté deux mois à N..., était une brute, un ivrogne, un sauvage. Il dit un jour à Mme L... qu'il était surpris que les gens de R..., grâce au système par lui employé, ne soient pas tous crevés de misère. » (Pièce 86.)

Pour décimer plus vite cette population récalcitrante qui s'obstine à vivre dans son tenace espoir de justice vengeresse, on emploie les grands moyens. Un homme qui se baisse sur la route et ramasse une cartouche est fusillé net. Des femmes qui revenaient exténuées des champs y sont reconduites à coups de pied dans le ventre. On va chercher des jeunes filles de bonne bourgeoisie, nullement préparées aux travaux de culture, et on les fait travailler dans les champs, de *nuit* et *entre les lignes de combattants*, malgré le bombardement continuel. (Pièce 88.)

Parfois cela se passe à deux cents mètres des lignes françaises. Quand nos patrouilles passent, on oblige les malheureuses à se coucher comme si elles étaient mortes et le caporal allemand va se cacher derrière une meule.

## Les « boucliers ».

Employer les civils comme boucliers, c'est d'ailleurs une méthode constante, et les procès-verbaux signalent le même fait dans toute la région envahie, depuis l'Oise à la Somme, depuis l'Aisne jusqu'à la Meuse ou en Meurthe-et-Moselle.

*L'Allemand, en troupe et en armes, aime à s'abriter derrière des femmes avant d'ouvrir le feu sur les soldats français.*

Mon oncle Paul, qui était avec nous, a reçu une balle au cœur est est tombé mort. Nous nous sommes couchées à terre en faisant les mortes. Alors quelques zouaves sont arrivés et ont capturé les uhlans. Nous étions libres. » (Pièce 171.)

## Travaux de guerre.

Après de pareilles révélations, faut-il s'étonner de tels autres procédés de félonie? Celui qui consiste, par exemple, à demander trois cents jeunes gens pour travailler dans les champs, puis, au lieu de les envoyer à des travaux de culture *on leur fait faire des tranchées* sous menace de mort. (Pièce 226.) Celui qui consiste encore à obliger les femmes à coudre des sacs destinés à abriter les tranchées que doivent attaquer leurs maris ou leurs frères. Et on a vu les Allemands donner à une femme des coups de pied dans le ventre parce qu'elle refusait de coudre des sacs avant d'avoir mangé. Elle est tombée gravement malade; on l'a mise en prison, puis elle a disparu. (Pièce 237.)

Mais il serait trop long de continuer ici cette énumération du long martyre infligé à toute une population meurtrie. Le *Livre Jaune* est contre la barbarie allemande, contre son hypocrite et

A B..., les Allemands emmènent près de la gare Mlle G..., âgée de douze ans, ainsi que sa tante et quatre autres jeunes filles. Après les avoir fait placer devant eux, ils ont ouvert le feu sur les Français, qui ont répondu. C'est le bouclier humain.

Voilà ce qu'on ne devra jamais oublier.

Les témoignages abondent; les pièces annexes du *Livre Jaune* qui s'y rapportent remplissent onze grandes pages de texte serré.

Voici la déposition de Mlle G..., âgée de douze ans, évacuée de B... (Somme), le 30 novembre 1914, et qui a été interrogée par M. Maillard, juge de paix du canton de Troyes, le 18 décembre 1915 :

« J'ai été prise une fois comme otage, en septembre 1914, vers 7 heures du matin, ainsi que ma tante, au moment où nous déjeunions. Ils nous ont emmenées près de la gare, ainsi que quatre autres jeunes filles. Là ils nous ont fait mettre devant eux (c'était un groupe de uhlans) et ils ont ouvert le feu sur les Français, qui ont répondu.

lâche sauvagerie, le plus formidable réquisitoire. Tant de souffrances crient vengeance.

(Extrait du *Journal.*)

## Comment les envahisseurs ont organisé le régime des déportations, des évacuations et des otages.

Récit d'un notable commerçant lillois rapatrié récemment, 10 janvier 1917 :

Les Allemands avaient annoncé qu'ils procéderaient en octobre 1916 à un nouveau recensement — le troisième — de la population lilloise. A notre grande surprise, ce recensement fut ajourné. Le précédent avait établi qu'il restait à Lille environ 110.000 habitants, dont 80.000 femmes.

Il y a deux mois, en vue des déportations à venir, la kommandantur exigea de la municipalité qu'elle lui fournît la liste des chômeurs. La municipalité s'y refusa. « Fort bien, répliqua l'autorité allemande. Nous aurons recours à la force. » Le soir même, à 17 h. 30, une voiture à deux chevaux s'arrêtait devant le bâtiment provisoire de la mairie. Et un détachement de soldats, sous les ordres d'un lieutenant, faisait main basse sur les fiches.

Je ne vous apprendrai point avec quelle brutalité nos ennemis ont procédé à ces déportations — ces enlèvements, comme nous disons là-bas. L'horreur et la cruauté, comme je l'ai su, en ont été longuement décrites ici même et dans toute la presse. Je me bornerai à rappeler quelques détails peu ou pas connus et à évoquer certains faits dont j'ai été le témoin.

Pendant un long temps, les enlèvements s'opérèrent à intervalles réguliers, tous les quatre ou cinq jours. Les malheureux désignés pour partir — jeunes gens depuis quatorze ans, jeunes femmes ou jeunes filles, femmes dans la force de l'âge, vieillards jusqu'à soixante ans et parfois au delà — étaient convoqués au Palais Rameau, tantôt à 8 heures du matin, tantôt à 14 heures. Chacun était tenu d'apporter avec soi deux chemises, une paire de chaussures, une casserole et des gants — « pour la tenue de gala », ricanaient les conducteurs d'escorte, — entendez, pour saluer les officiers aux heures d'interrogatoire ou de défilé. Les sous-officiers mettaient tout leur zèle à écourter les adieux. Lors des premiers convois, tous les hommes, femmes ou enfants convoqués étaient pris indistinctement, quels que fussent leur état de santé ou leur degré de résistance physique. Ils étaient groupés à la citadelle, où ils demeuraient incarcérés parfois plusieurs jours, rongés de vermine, recevant pour unique nourriture de la bouillie de graine de lin, des betteraves crues et de l'eau.

## Passe-temps de tourmenteurs.

A Fives-Lille, la veille de Pâques, tandis que les gens de police allaient de maison en maison enlever les jeunes gens ou les jeunes filles promis à la déportation, des mitrailleuses étaient braquées au coin des rues pour réprimer impitoyablement toute tentative de révolte.

Puis, le troupeau lamentable arrivé à destination — que ce fût en Allemagne ou dans quelque ville ou village des régions envahies — c'était, pour les femmes, les fillettes, l'humiliante, l'ignominieuse formalité de la visite médicale, — certaines de ces infortunées créatures en ont subi jusqu'à quatorze coup sur coup. L'odieuse prophylaxie imposée, dans votre intérêt comme dans celui des hommes, ricanait un major bavarois, apostrophant grossièrement ses victimes.

Des femmes parfois se révoltaient sous le coup de l'indignation, parvenaient à s'enfuir à la grande joie des soudards, qui s'animaient à cette chasse improvisée, interrompaient souvent d'un coup de feu la course éperdue des malheureuses...

Ce sont, enfin, des supplices de toutes sortes infligés, avec une barbarie raffinée, à tous ceux ou celles qui refusaient de travailler : les hommes ligotés et enfermés dans une gaine d'horloge, étroite comme un cercueil, sans autre nourriture que du pain moisi et de l'eau; les jeunes filles, auxquelles les gardiens féroces s'ingéniaient à infliger des punitions renouvelées des règles conventuelles : allongement des bras en croix sur la terre humide, station pendant des heures sur un seul pied, les bras en l'air; vidange des ordures et autres besognes répugnantes; jeunes gens de quinze ans, auxquels des feldwebels à l'âme de négriers distribuaient sans parcimonie les coups de cravache et répétaient sans cesse : « Maudits serpents, vous crèverez cet hiver... »

## Les Allemands n'ont qu'une parole...

L'un d'eux, — un Lillois dont je pourrais vous citer le nom, — pris pour ordonnance par un officier, est assommé par celui-ci d'un coup de matraque, pour son trop de lenteur à le servir... Et combien de crimes analogues, que l'on ne connaîtra que par la suite !... Les Allemands ont affirmé que tous les jeunes gens jusqu'ici déportés avaient été, sur l'intervention de la cour d'Espagne et du Vatican, rendus à leurs familles. Mensonge.

Je pourrais vous citer tels jeunes gens de dix-sept à dix-huit ans, fils d'un notable financier de Lille, qui, à l'heure actuelle encore, peinent à faire œuvre de bûcheron dans la forêt de Liesse. Les deux tiers à peine des jeunes gens déportés ont réintégré leurs foyers. Encore les Allemands, il y a peu de temps et sous divers prétextes, ont-ils repris certains d'entre eux pour les déporter à nouveau.

Autre exemple de leur bonne foi. Le 1er décembre dernier, sous prétexte — était-il dit dans la *Gazette des Ardennes* — que la France ne tenait pas ses engagements et retenait indûment dans un camp de concentration des prisonniers civils d'Alsace et de Lorraine annexées, 200 notables du Nord, désignés pour otages, ont été appréhendés et emmenés en captivité en Allemagne. Lille, pour sa part, en a fourni 18, parmi lesquels M. Delory, député et ancien maire de la ville; le bâtonnier des avocats, Me Guichat; le docteur Carlier, Me Gaudron, avoué; M. Félix Faucheur et sa femme, MM. Leblanc, Crépy, filateurs, et quelques autres.

## Le calvaire des rapatriés.

Vous parlerai-je maintenant des rapatriés? Aux termes de la convention intervenue, grâce aux bons offices de la Suisse, sont admis à bénéficier de l'évacuation les familles nécessiteuses privées de leur soutien, les malades et principalement les tuberculeux, et enfin les enfants séparés de leurs parents. Sur 10.532 Lillois qui s'étaient fait inscrire au moment de mon départ, 1.525 — dont 7 hommes seulement — ont été jusqu'ici autorisés à se mettre en route. Encore nos geôliers nous imposèrent-ils une somme maximum de 300 francs de billets français admis pour chaque famille et les 5 marks de monnaie courante autorisés pour nos menus frais de route; le geste odieux de l'officier, qui, à la gare, arracha aux femmes leurs boutons de manteau ou de jaquette, dans la crainte que sous le revêtement du tissu ne se dissimulât quelque pièce d'or; et l'ironique adieu du même officier qui allait de portière en portière en ressassant cette lourde apostrophe germanique :

— Vous ferez mille compliments à la France de la part des Barbares...

Ce sont les mêmes que l'on voit journellement dans les tramways de Lille-Roubaix expulser sauvagement et sans mot dire des femmes portant des nourrissons dans les bras pour usurper leur place... Les mêmes que l'on peut voir à l'heure du goûter — tel ce capitaine Himmer, chef de la police allemande, ex-libraire prussien, et qui a ouvert à Lille une succursale de sa librairie — engouffrer dans quelque pâtisserie les douze gâteaux et la bouteille de champagne qui constituent leur en-cas, en attendant le souper.

## La vie à Mézières, Charleville, Rethel, Vouziers et Sedan.

Qu'il s'agisse des villes ou des campagnes, le régime imposé par les Allemands aux pays envahis procède du même principe : tirer le plus possible de ressources en nature, en argent, en travail, du territoire asservi. Mais le principe comporte, selon les circonstances et les lieux, des applications différentes. Il semble qu'au début de la guerre, lorsqu'ils crurent comme nous qu'elle serait courte, les Allemands aient voulu, pour ainsi dire, d'un seul coup, épuiser les richesses emmagasinées dans nos départements; ils se précipitaient sur leur proie avec leur rapacité brutale; dans les usines ils s'emparaient des matières premières et des machines démontées avec soin; aux portes des maisons abandonnées, des fourgons déménageaient les meubles; les contributions de guerre vidaient les coffres-forts des mairies et les bourses des particuliers; les déportations, les amendes, les emprisonnements, les menaces tentaient de terroriser les habitants.

## Le pillage organisé.

Vers le printemps de 1915, à cette vaste razzia succéda l'organisation d'une exploitation méthodique. Après avoir consommé les richesses des territoires envahis, l'Allemagne se mit en devoir de leur en faire produire de nouvelles. Il fallait d'abord empêcher les habitants de mourir de faim, car dès les mois de février et de mars une véritable disette de denrées alimentaires s'était manifestée. Par l'intermédiaire du comité hispano-américain, notre gouvernement fut autorisé à faire parvenir des vivres qui assurent à nos compatriotes au moins l'essentiel de leur subsistance. Aux indigents, les vivres sont distribués gratuitement; les habitants aisés les payent des prix raisonnables. Chacun reçoit ainsi 250 grammes de pain par jour, et, tous les quinze jours, 500 grammes de haricots, 500 grammes de riz, 500 grammes de saindoux ou 250 grammes de lard, 175 grammes de café et 125 grammes de sucre. Pour ces distributions, le territoire des départements est divisé en « cercles »; dans chaque cercle, une commission de répartition, composée de notables du pays, prend livraison des envois et préside aux opérations financières. Le coût de la ration est de 0 fr. 35 par jour et par tête; juste de quoi entretenir la vie, comme on voit!

C'est dans les villes que la tyrannie de l'oppresseur se fait la plus inquisitoriale et la plus lourde : l'officier qui dirige la kommandantur y règne sans appel; il donne ses ordres à la municipalité et aux habitants, par voie d'affiches impérieuses. Encore convient-il, d'après les témoignages des rapatriés, de distinguer entre les villes des Ardennes : la situation n'est point la même à Mézières et à Sedan.

La présence du kaiser et du haut état-major a maintenu au chef-lieu du département une apparence de vie commerciale et d'animation; aucun sévice direct n'a été exercé sur les personnes; les maisons des réfugiés ont été attribuées à des officiers ou à des fonctionnaires qui paraissent en avoir usé avec une relative modération. Mais cette bénignité apparente de l'ennemi est compensée par les secrètes rigueurs d'une police impitoyable et méticuleuse. Un minutieux recensement de la population a été opéré dès le début; chacun, à tout instant, et même dans sa maison, doit porter sa carte d'identité, visée par la kommandantur; sur la porte de chaque immeuble une pancarte est clouée, où figurent les noms de toutes les personnes qui l'habitent, avec l'indication de leur âge et de leur profession; aucune d'entre elles n'a le droit d'être absente après le couvre-feu; des perquisitions nocturnes ont pour but de vérifier inopinément si les habitants sont bien présents dans leurs lits. Pendant la journée, ils ne peuvent, dans leurs promenades, dépasser les limites de la ville et se rendre dans un faubourg; pour franchir la Meuse, qui sépare à peu près Mézières de Charleville, ils doivent justifier du motif de leur course et payer un laissez-passer qu'on se plaît souvent à leur refuser.

La rigueur et la malveillance sont, à Sedan, officielles et plus franches. Pendant deux ans, le maître avéré de la ville fut un certain sous-officier de la kommandantur, qui possédait, avant la guerre, une maison de commerce dans le département du Nord et qui voyageait dans toute la région; il se plut à écraser les Sedanais de consignes tracassières et de toutes les manifestations d'une haine épaisse et brutale. De quoi se plaignaient-ils? Est-ce que la guerre ne l'avait pas ruiné lui-même, par l'incendie de sa maison et de ses marchandises? Il criait que, pour se venger, « il les ferait tous crever »; en attendant, il multipliait les amendes, les perquisitions, les injures. On l'a déplacé récemment. Il paraîtrait que l'animosité sournoise et glacée de son successeur fait regretter les éclats de sa tyrannie populacière.

Rethel et Vouziers, qui appartiennent à la « zone d'étapes », subissent les contraintes sans relâchement d'une discipline toute militaire. Rethel, au reste, n'est plus qu'un champ de ruines au milieu duquel s'élèvent un lazaret et des baraquements de l'armée.

A Lunéville, un taube survole la ville un jour de marché et jette des bombes qui font de nombreuses victimes parmi la population inoffensive.

Chaque ville est une geôle, où chacun a pour cellule sa propre demeure dont le geôlier peut, à tout instant, pousser la porte. Plus que dans les campagnes, on y souffre des difficultés alimentaires. Depuis un an, les habitants de la classe aisée peuvent encore de temps en temps s'y procurer à prix d'or quelques denrées supplémentaires : du riz, du beurre, une oie. Les Allemands, au reste, n'ont point intérêt à grossir le nombre des indigents; ils laissent plusieurs banques locales et sociétés financières payer les coupons échus des valeurs détenues par les habitants. Mais ils ne permettent point aux rapatriés d'emporter ces valeurs, pas plus, d'ailleurs, que leurs bons de réquisition. Une Ardennaise avait empaqueté, l'autre mois, une assez grosse quantité de bons de réquisition (elle tenait une cordonnerie et les Allemands avaient acheté presque toutes ses chaussures), elle y avait joint, dans l'enveloppe, quelques obligations françaises et des papiers personnels. Avant de monter dans le train qui l'allait ramener en France, elle confia, pour se conformer aux ordres, l'enveloppe au chef du convoi. Celui-ci promit de la rendre à la frontière suisse. Il la rendit bien, mais l'enveloppe ne contenait plus que des lettres et du papier blanc.

Plus malheureux sont les petits commerçants. Les stocks qu'ils possédaient en août 1914 ont été depuis longtemps réquisitionnés ou épuisés. Toute transaction est à peu près suspendue.

### La misère ouvrière.

Les ouvriers connurent encore plus vite la misère. Tous ceux qu'on appelle pittoresquement « les gueules noires » de la vallée de la Meuse étaient condamnés au chômage. Les municipalités s'ingénièrent d'abord à leur procurer des travaux de voirie et d'assainissement, qu'elles payaient en bons municipaux, simple expédient auquel nos ennemis ne tardèrent pas à substituer une solution plus radicale. Ils réorganisèrent, au profit de leur armée, la plupart des usines ardennaises; ouvriers et ouvrières furent conviés à y chercher du travail. L'invitation ressemblait à un ordre; certains ne purent ou ne surent éviter de se soumettre.

Mais un plus grand nombre refusa. Ceux-là, on les forme en équipes, on les envoie, sous la surveillance des soldats, exploiter des forêts ou couper l'osier dans l'arrondissement de Vouziers; hommes et femmes, indistinctement, reçoivent 0 fr. 40 et un fagot par jour.

L'aspect des villes est triste. On ne sort de chez soi que lorsqu'on y est contraint et pour tenter de recueillir quelques nouvelles : nouvelles du pays et de la guerre; nouvelles de la famille absente. Les Allemands, qui prévoient tout, ont pourvu à la satisfaction de cette naturelle avidité. Une feuille immonde, qu'un publiciste qui put jadis se dire Français rédige pour eux en notre langue, a entrepris, depuis dix-huit mois, de les renseigner.

A Sedan, à Charleville, à Revin, les quelques Ardennais qui savent l'allemand préfèrent jeter un regard dur sur les gazettes allemandes entre les vantardises et les discussions desquelles ils discernent mieux le visage de la vérité. Ils évitent, certes, de les acheter; mais ils les trouvent au café où les officiers les laissent traîner sur les tables après l'heure de l'apéritif. Anxieusement, ils y cherchent des raisons de nourrir et de motiver leurs espoirs.

(Du *Matin*.)

---

# Le procès et l'assassinat par les Allemands de l'infirmière anglaise miss Edith Cavell.

## UN CRIME GERMANIQUE

### Le martyre d'une infirmière anglaise.

Devant l'amas monstrueux des crimes accumulés, depuis le début de leur campagne, par les Allemands, l'esprit confondu hésite à décider quels furent les plus sauvages ou les plus bêtes. Il semble bien toutefois que le récent assassinat, à Bruxelles, de miss Edith Cavell demeurera, dans la suite des temps, comme l'assassinat type, comme le crime germanique « en soi », — pour reprendre un mot de leur jargon philosophique : il fut féroce et accompli dans les conditions les plus hideuses; il est stupide.

Miss Edith Cavell, fille du révérend Frederick Cavell, vicaire de Swardeston, près de Norwich, était fixée à Bruxelles, depuis 1906, comme infirmière-major d'une grande clinique, l'Institut chirurgical. Elle était, dans sa profession, éminente, et jouissait dans les milieux médicaux bruxellois d'une légitime autorité. Aussi, en 1909, fondait-elle une école de *nurses*, d'infirmières, qui, au début de la guerre, devint tout naturellement l'une des premières ambulances de Bruxelles, où, indistinctement, les blessés de guerre, belges, anglais, français ou allemands, reçurent les soins les plus dévoués. La reconnaissance des moins brutaux parmi les Allemands qu'avec ses élèves elle avait soignés, porta, dit-on, la renommée de miss Cavell jusqu'au delà du Rhin. « C'était, a-t-on pu écrire d'elle, un ange de charité. » Mais c'était aussi une excellente Anglaise et une fervente patriote.

Le 5 août 1915, miss Cavell était brutalement mise en état d'arrestation. Son crime? On lui reprochait d'avoir facilité à des soldats anglais, français et belges, le passage de la frontière, le retour au feu, face à l'odieux ennemi.

Elle ne chercha pas même à nier, tant elle avait conscience de n'avoir rempli que juste son devoir de fille de la vieille Angleterre. Sans ses chevaleresques aveux, on n'eût pu articuler contre elle aucun fait précis; on n'eût pu la convaincre de ce dont on l'accusait sur des rapports vagues, des dénonciations obscures.

Elle fut incarcérée à la prison militaire de Saint-Gilles et gardée au secret. On conduisit l'instruction tout entière sans permettre à l'inculpée de se faire assister d'un avocat.

En vain, le ministre des États-Unis à Bruxelles, M. Brand Whitlock, chargé par la Grande-Bretagne des intérêts de ses nationaux, intervint-il de la façon la plus pressante auprès du baron von der Lancken, directeur des affaires politiques à Bruxelles pour le compte du kaiser, afin de connaître d'abord les causes de l'arrestation de la malheureuse *nurse*, puis d'obtenir qu'un membre de la Légation américaine la pût visiter dans sa geôle et s'entendre avec elle pour lui donner un avocat. On traita d'abord ses démarches par le dédain, négligeant même de répondre à sa première lettre; puis à son insistance on opposa une fin de non-recevoir.

Le 11 octobre, la Légation américaine entend dire que miss Cavell a été, le matin même, condamnée à mort par la cour martiale, jugeant à huis clos. Il est probable qu'elle a été livrée, comme défense, à ses propres moyens. Un premier avocat, commis d'office, choisi sans doute avec soin, pourtant, par les autorités allemandes, M. Braun, s'est récusé. Un certain Krischen, qui l'a remplacé, semble mettre tout son zèle à éviter de rencontrer le secrétaire de la Légation américaine chargé de suivre l'affaire, M. de Leval, et, après avoir promis aux représentants des Etats-Unis de les tenir au courant, manque honteusement, cyniquement à sa parole, et fuit, et se cache, et se terre, en homme qui n'a évidemment pas la conscience très nette.

(Cliché de l'Illustration.)

MISS EDITH CAVELL

La cour martiale a siégé deux jours, les 7 et 8 octobre, pour juger, avec miss Cavell, trente-quatre autres prisonniers. M. de Leval n'en a connaissance que le 10 octobre, par la rumeur publique : voilà quels égards les autorités allemandes continuent de témoigner aux Etats-Unis et à leurs représentants. « De la lumière ! de la lumière ! » s'écriait Gœthe mourant. Tel n'est point le vœu des actuels tyrans de la Belgique.

Le 11 au matin — alors qu'il présume que le jugement va être prononcé, s'il ne l'est, et qu'il entrevoit déjà la possibilité de l'exécution — M. de Leval s'efforce, en vain, d'envoyer vers la captive un prêtre, le révérend Gahan. On lui oppose un refus, avec des mensonges : le jugement ne sera rendu que dans un jour ou deux, lui affirme un des acolytes de M. von der Lancken. Ainsi la forfaiture est complète: le drame se prépare dans le plus grand mystère, le mystère des beaux crimes.

Or la sentence, si l'on ose dire, est rendue le jour même, à 5 heures du soir : M. de Leval l'apprend par une source privée.

De ce moment, le ministre des Etats-Unis, auquel s'est joint, de toute son énergie, le marquis de Villalobar, ministre d'Espagne, va multiplier les démarches les plus pressantes. Tout d'ailleurs semble conspirer contre la malheureuse condamnée. M. Brand Whitlock, malade, doit se contenter d'écrire, de son lit, la lettre par laquelle il tente, pour la sauver, un dernier effort. Un autre de ses collaborateurs, M. Gibson, de concert avec le marquis de Villalobar, qui se donne de tout cœur à la tâche, conduit les dernières négociations. Inutile zèle !

Le Lancken ment effrontément à ces deux diplomates, et, à 10 h. 15 du soir, a l'audace de leur dire qu'il « ne croit pas » que la sentence soit prononcée ! Il va plus loin dans l'abjection : fût-elle rendue, assure-t-il, qu'elle ne saurait être exécutée aussitôt. Pressé par ses deux interlocuteurs, il se voit contraint de téléphoner à von Bissing lui-même, le gouverneur, le haut commissaire, le quasi vice-empereur, investi des pleins pouvoirs du kaiser. Sur quoi il est forcé d'admettre alors la vérité et de confesser que miss Edith Cavell est bien réellement condamnée à mort.

Donc, le marquis de Villalobar et M. Gibson, qui ont l'intuition du proche dénouement de cette sombre tragédie, le pressent d'obtenir qu'il soit au moins sursis à l'exécution, afin qu'ils puissent tenter une intervention décisive. Ils essaient — quelle candeur ! — de faire comprendre à von der Lancken quel effet peut produire sur l'opinion la mort de miss Cavell dans des conditions pareilles.

Une demi-heure plus tard, au cours d'une nouvelle visite du marquis de Villalobar, de MM. de Leval et Gibson, M. von der Lancken leur annonce que le gouverneur militaire a refusé de commuer la sentence : c'est donc sur cet homme, sur von Bissing, que doit retomber ce sang innocent. Pour lui, il se défend même d'accepter le suprême appel de M. Brand Whitlock, cette lettre émue, pressante, que le ministre des Etats-Unis a écrite de son lit. En vain M. Gibson et M. de Leval rappellent ce que les États-Unis ont fait pour les Allemands en Belgique, au début de la guerre et durant le siège d'Anvers, ajoutant que « c'est la première faveur que le ministre sollicite en retour ». Tout est inutile.

A 2 heures du matin, miss Cavell était morte, assassinée.

Sans doute ne connaîtra-t-on jamais bien exactement les circonstances de cette mort profondément pathétique.

Par le révérend Gahan, qu'on s'était enfin décidé à laisser pénétrer auprès de la malheureuse victime, à 10 heures du soir, et qui lui administra la communion *in extremis*, on sait du moins que, jusqu'au dernier moment, miss Cavell montra le plus calme courage. Elle était résignée à son sort : elle reconnaissait être coupable — coupable de trop de charité et de patriotisme ! — elle jugeait, dans sa grande âme de chrétienne, le châtiment légitime, et se déclarait heureuse de mourir pour sa patrie. Elle pardonnait à ses bourreaux.

— Je n'ai ni crainte ni regret, dit-elle. J'ai vu la mort si souvent qu'elle ne m'apparaît ni étrange, ni horrible.

Et elle ajouta : « Je remercie Dieu pour les dix semaines de tranquillité qu'il m'a accordées avant la fin. Ma vie a toujours été bousculée et pleine de difficultés. Ce repos m'avait fait du bien. Tout le monde a été courtois pour moi ici. Et je dirai encore ceci : devant Dieu et devant

Miss Cavell fut conduite, en pleine nuit, dans une cour de sa prison. Un peloton de six hommes, sous la conduite d'un officier, devait exécuter la sentence. Miss Cavell refusa de se laisser bander les yeux. Mais quand elle vit s'abaisser les canons des fusils, la pauvre femme eut une défaillance. Elle s'affaissa, roula à terre. L'officier s'avança et accomplit l'affreuse besogne.

l'éternité je comprends que le patriotisme n'est pas suffisant. Je ne dois avoir ni haine ni ressentiment envers personne. »

L'heure vint où le révérend Gahan la dut abandonner : seul un aumônier allemand pouvait être le témoin du sombre dénouement. Celui-là, au moins, serait discret. On ne sait le reste que par un télégramme rapportant qu'en pleine nuit on conduisit la condamnée dans une cour de sa prison. Là, un peloton de six hommes, sous les ordres d'un officier, devait exécuter la sentence. Miss Cavell refusa de se laisser bander les yeux. Mais quand elle vit s'abaisser les canons des fusils, la pauvre femme eut une défaillance. Elle s'affaissa, roula à terre : ainsi Jeanne pleura devant le bûcher de Rouen.

Alors l'officier s'avança vers le lamentable corps inerte et accomplit l'affreuse besogne.

« Mieux eût valu, a écrit un journal américain, le *New-York World*, commentant ce lugubre assassinat, mieux eût valu pour l'Allemagne perdre un corps d'armée que d'avoir fait ainsi exécuter miss Cavell. » Et ce mot résume lapidairement l'opinion du monde civilisé.

---

On ne sait trop que si leurs voix sont humaines, et peut-être aussi leurs visages, leurs âmes ne le sont pas; il y manque les sentiments essentiels, celui de la loyauté, de l'honneur, celui du remords, et surtout celui qui est le plus noble peut-être en même temps que le plus élémentaire, et que même les animaux possèdent parfois, le sentiment de la pitié. Je me souviens d'une phrase de Victor Hugo, qui jadis m'avait paru outrée et obscure; il avait dit : « la *nuit* qu'une bête fauve a pour âme ». Cette image, les âmes allemandes aujourd'hui me la font comprendre. Qu'est-ce que cela pourrait bien être, sinon de la nuit lourde et sans rayons, l'âme de leur sinistre empereur, l'âme de leur prince héritier, dont la figure chafouine s'enfonce dans un trop grand bonnet en poil de bête noire, agrémenté d'une tête de mort?

Durant toute une vie, n'avoir eu d'autres soins que de faire construire des machines pour tuer, d'inventer des explosifs et des poisons pour tuer, d'exercer des soldats à tuer; avoir organisé, au profit d'un monstrueux orgueil personnel, tout ce qui sommeillait de barbarie au fond de la race allemande; avoir organisé — je répète le mot, parce que, s'il n'est pas assez français, hélas! il est essentiellement allemand — organisé donc sa férocité native, organisé sa grotesque mégalomanie, organisé sa soumission moutonnière et sa crédule bêtise. Et après, ne pas mourir d'épouvante devant son propre ouvrage!... Vraiment, cela ose encore vivre, ces êtres de ténèbres; en présence de tant de larmes, de tant de tortures, de tant d'immenses ossuaires, paisiblement cela mange, cela dort, cela reçoit des hommages, cela posera même sans doute devant des sculpteurs, pour des bronzes durables ou des marbres, quand il faudrait, pour eux, raffiner sur les vieux supplices de la Chine!... Oh! ce que j'en dis n'est pas pour attiser inutilement la haine mondiale; non, mais je crois de mon devoir d'employer tout ce que j'ai de force à retarder le dangereux oubli qui retombera sur leurs crimes! J'ai tellement peur de notre chère légèreté française, de notre bonhomie et de notre confiance! Nous sommes si capables de laisser peu à peu les tentacules de la grande pieuvre s'insinuer à nouveau dans nos chairs. Qui sait si bientôt ne reviendra pas grouiller chez nous l'innombrable vermine des espions, des cauteleux parasites et des terrassiers clandestins qui, jusque sous les planchers de nos demeures, bétonnent des socles pour les canons allemands! Oh! n'oublions jamais que cette race de proie est incurablement trompeuse, voleuse et tueuse, qu'il n'y a pas avec elle de traité de paix qui tienne, et que, tant qu'on ne l'aura pas écrasée, tant qu'on ne lui aura pas coupé la tête — cette effroyable tête de Gorgone qui est l'impérialisme prussien — elle recommencera!

Quand nous rencontrons dans nos rues tous ces jeunes mutilés, qui marchent lentement par groupes, en s'appuyant les uns aux autres, ou ces jeunes aveugles, promenés par la main, et toutes ces femmes qui sont comme anéanties sous les voiles de crêpes, disons-nous : c'est leur œuvre à eux, et celui qui, dans l'ombre, sous le couvert des plus impudents mensonges, nous a longuement préparé cela, c'est leur Kaiser, — lequel, si on ne l'écrase, ne rêvera qu'à recommencer demain!

Aux abords des gares où l'on s'embarque pour le front, quand nous voyons quelque jeune femme, retenant les larmes dans ses yeux d'angoisse et de courage, un petit enfant au cou, venue pour reconduire un soldat en costume de tranchées, disons-nous : celui-ci, dont le retour sera tant désiré, la mitraille du Kaiser l'attend sans doute demain, pour le jeter, anonyme, parmi des milliers d'autres, dans ces charniers où l'Allemagne se complaît et qu'elle ne demandera qu'à recommencer de remplir!

Surtout quand nous voyons passer, sous leurs uniformes bleus tout neufs, nos « jeunes classes », nos fils bien-aimés, qui partent si magnifiquement, avec de la joie fière dans leurs yeux enfantins et des bouquets de roses au bout de leurs fusils, oh! méditons nos saintes vengeances, contre ceux qui les guettent là-bas, — et contre le grand maudit, qui *a la nuit pour âme!...*

PIERRE LOTI, de l'Académie française,

(Extrait de l'*Illustration*, octobre 1915.)

# LES CRIMES ALLEMANDS EN BELGIQUE

## Rapports officiels de la Commission d'enquête instituée par le gouvernement belge.

Dès l'entrée des troupes allemandes en Belgique, le ministre de la Justice, M. Carton de Wiart, institua une commission d'enquête sur les violations des règles du droit des gens, sous la présidence de M. Cooreman, ancien président de la Chambre des représentants.

A Aerschot, les Allemands se sont emparés de tous les hommes qui s'y trouvaient; ils en ont de suite conduit une cinquantaine à quelque distance de la ville, les ont groupés par séries de quatre hommes et, les faisant successivement courir devant eux, les ont abattus à coups de feu et achevés à coups de baïonnette.

Voici le premier des rapports rédigés par cette commission :

Monsieur le Ministre,

La commission d'enquête sur la violation des règles du droit des gens, des lois et des coutumes de la guerre, après une instruction impartiale et attentive, croit pouvoir dégager les constatations suivantes :

Il résulte des témoignages précis et concordants que, dans toute la région d'Aerschot, les Allemands ont commis de véritables atrocités. Une grande partie de la population avait fui, épouvantée. Sur leur passage, les troupes allemandes incendiaient les fermes, les maisons et les meules, abattaient à coups de feu les citoyens inoffensifs qu'ils trouvaient sur les routes ou qui travaillaient dans les champs.

A Hersselt, au nord d'Aerschot, trente-deux maisons du village ont été incendiées; le meunier et son fils qui fuyaient et vingt et une autres personnes ont été tuées, alors qu'aucune troupe belge n'était en vue.

Les troupes allemandes ont pénétré dans Aerschot, ville de 8.000 habitants, le mercredi 19 août, dans la matinée. Aucune force belge ne s'y trouvait plus. Dès leur entrée, les

Allemands ont incendié plusieurs maisons et, dans la rue du Marteau, fusillé cinq ou six habitants qu'ils avaient fait sortir de leurs demeures. Dans la soirée, prétextant qu'un officier supérieur allemand avait été tué sur la Grand'Place par le fils du bourgmestre, ou, suivant une autre version, qu'un complot contre le commandant supérieur avait été tramé par le bourgmestre et sa famille, les Allemands se sont emparés de tous les hommes qui se trouvaient dans Aerschot; ils en ont de suite conduit une cinquantaine à quelque distance de la ville, les ont groupés par séries de quatre hommes et, les faisant successivement courir devant eux, les ont abattus à coups de feu et achevés à coups de baïonnette. Plus de quarante ont été ainsi massacrés.

Ils ont mis la ville au pillage, dérobant dans les habitations tout ce qu'ils pouvaient prendre, fracturant les meubles et les coffres-forts. Le lendemain, ils ont mis en rangs de trois les autres bourgeois qu'ils avaient arrêtés la veille; dans chaque rang, ils ont pris un homme sur trois. Ils ont conduit ceux-ci, avec le bourgmestre d'Aerschot, M. Tielemans, son fils, âgé de quinze ans et demi, et son frère, à environ cent mètres de la ville, et les ont fusillés.

Ils ont ensuite contraint les autres habitants d'Aerschot à creuser des fosses, où leurs victimes furent enterrées.

Pendant trois jours, ils continuèrent à piller et à incendier.

Environ cent cinquante habitants d'Aerschot doivent avoir été massacrés.

La plus grande partie de la ville est totalement détruite; les Allemands ont tenté cinq fois de mettre le feu à la grande église, dont l'intérieur a été saccagé. Toutes les archives de la commune ont été emportées.

Les ambulanciers de la Croix-Rouge, revêtus du brassard de la Croix-Rouge, n'ont pas été respectés. L'un d'entre eux rapporte que les troupes allemandes ont tiré sur lui, alors qu'il ramassait les blessés et que le tir a continué, bien qu'il eût montré son brassard. De plus, pendant toute la journée du 19, alors qu'il faisait son service à l'hôpital, il a été menacé et brutalisé. Un officier allemand, notamment, l'a pris par la tête et a appuyé sur son front le canon de son revolver. Un brancardier, fils du receveur communal, portant les insignes de la Croix-Rouge, a été tué rue de l'Hôpital, dans la soirée du 19 août, par les Allemands.

Il résulte de tous les témoignages que la population d'Aerschot n'a en rien participé aux hostilités, qu'aucun coup de feu n'a été tiré par elle; tous les témoins sont d'accord pour signaler l'invraisemblance de la version allemande, suivant laquelle le fils du bourgmestre, enfant de quinze ans et demi, d'une nature extrêmement paisible, aurait tiré sur un officier supérieur allemand dans la soirée du 19 août. Plus invraisemblable encore est la version du complot organisé par le bourgmestre. Ils font observer que si — ce qu'ils ignorent — un officier allemand a été atteint sur la Grand'Place, il aurait pu l'être par une balle égarée, les soldats allemands tiraillant à ce moment dans les rues avoisinantes pour effrayer la population.

Le bourgmestre, homme fort calme, avait prévenu à diverses reprises ses concitoyens, par des affiches et par des circulaires adressées à tous les habitants, qu'en cas d'invasion, ils devaient s'abstenir de tout acte hostile. Les affiches se trouvaient encore apposées lors de l'entrée des Allemands et elles leur ont été montrées.

Les troupes allemandes qui traversèrent les localités situées en deçà d'Aerschot, se livrèrent aux mêmes horreurs. Elles tiraillaient sur les citoyens qui fuyaient, incendiaient et pillaient les habitations, tout cela sans provocation.

A Rotselaer, environ quinze maisons ont été incendiées. Un officier allemand, s'adressant à un habitant dont la maison brûlait, a voulu lui faire déclarer, en le menaçant de son revolver, que l'incendie avait été allumé par les Belges. Et comme cet habitant protestait, faisant remarquer que les Belges avaient quitté la région depuis la veille, cet officier déclara que si les Allemands avaient mis le feu ce ne pouvait être que parce que les habitants avaient probablement tiré, ce qui, ici encore, est contredit par tous les témoins.

Là aussi, les troupes allemandes pillèrent tout ce qu'elles trouvèrent sur leur passage.

La commission n'a pu réunir jusqu'ici de témoignages d'habitants de Diest et de Tirlemont, villes qui ont été occupées les 18 et 19 août 1914 et avec lesquelles les communications sont coupées.

Mais un habitant de Schaffen, village voisin de Diest, a déclaré que les mêmes abominations ont été commises dans la localité et dans les communes limitrophes, Lummen et Molenstede. La région a entièrement été ravagée. Des troupes allemandes, à une heure de distance de Diest, avaient commencé leur œuvre de destruction; le long de la chaussée de Diest à Beeringen, se dirigeant sur Diest, elles incendièrent tout ce qu'elles rencontrèrent sur leur passage: fermes, maisons, meules. Arrivés au village de Schaffen, les Allemands y mirent le feu, massacrant les rares personnes qu'ils trouvaient encore dans les maisons ou dans les rues.

Le témoin nous cite les noms et adresses de dix-huit personnes qu'il sait avoir été massacrées.

Parmi elles se trouvent :

L'épouse François Luyckx, âgée de quarante-trois ans avec sa *fille de douze ans*, qui furent découvertes dans un égout et fusillées;

La fille du nommé Jean Ooyen, *âgée de neuf ans*, qui fut fusillée;

Le nommé André Willem, âgé de vingt-cinq ans, sacristain, qui *fut lié à un arbre et brûlé vif;*

Le nommé Reynders, Joseph, âgé de quarante ans, tué avec son petit neveu, *âgé de dix ans;*

Les nommés Lodts Gustave, âgé de quarante ans, et Marken Jean, âgé aussi de quarante ans, *probablement enterrés vivants*.

Le témoin a déclaré qu'il avait procédé lui même à l'exhumation de ces deux derniers, qu'il a enterrés ensuite au cimetière de la commune.

Le village de Rethy, près de Turnhout, a été l'objet de dévastations et de fusillades, dans la journée du 22 août, par dix-sept cavaliers allemands qui avaient pénétré dans le village. Une jeune fille de quinze ans a été tuée par un coup de feu.

Des faits plus affreux encore, s'il est possible, ont été commis par les troupes allemandes, par suite de la défaite que leur a fait subir l'armée belge devant Malines. La ville de Louvain, avec ses richesses artistiques et scientifiques, n'a pas été épargnée. De nouveaux rapports nous parviendront à bref délai.

*Le président*, COOREMAN.

Anvers, le 10 septembre 1914.

*A M. Carton de Wiart, ministre de la Justice.*

Monsieur le Ministre,

Les deux rapports que la commission a eu l'honneur de vous adresser en août dernier, relataient plus particulièrement, le premier, les événements survenus à Aerschot et dans la région avoisinante; le second, la destruction par les troupes allemandes d'une partie de la ville de Louvain.

Afin de compléter son rapport du 31 août, la commission croit devoir signaler qu'il est confirmé que dans les journées qui ont suivi l'incendie de Louvain, les maisons demeurées debout dont les habitants avaient été chassés par l'envahisseur, ont été livrées au pillage sous les yeux des officiers allemands. Le 2 septembre, un témoin a encore vu les Allemands mettre le feu à quatre maisons.

Un autre fait qui souligne le caractère implacable du traitement infligé à la population paisible de Louvain, a été également établi : le 28 août, une foule de 6.000 à 8.000 personnes, hommes, femmes et enfants, de tout âge et de toutes conditions, a été conduite sous escorte d'un détachement du 162e régiment d'infanterie allemande, au manège de la ville, où ces infortunés ont passé toute la nuit. L'exiguïté du local était telle, eu égard au nombre des occupants, que ceux-ci ont dû demeurer debout, endurant de si grandes souffrances, qu'au cours de cette nuit tragique plusieurs femmes ont été frappées de folie et que des enfants en bas âge sont morts dans les bras de leurs mères.

Un communiqué du grand état-major allemand, dont la *Gazette de Cologne* du 29 août nous a apporté le texte, affirme que le « châtiment » infligé à Louvain se justifiait par le fait qu'un bataillon de landwehr, laissé seul dans la ville pour garder les communications, aurait été attaqué par la population civile, agissant sous l'impression que le gros de l'armée allemande s'était retiré définitivement.

Le même journal a publié le récit d'un prétendu témoin de l'événement.

L'enquête a établi que cette affirmation doit être considérée comme fausse. Il est acquis, en effet, que la bourgeoisie de Louvain, d'ailleurs préalablement désarmée par l'autorité communale, n'a provoqué les Allemands par aucun acte d'hostilité.

Cette localité fut la première ville belge vouée à la destruction, suivant le système appliqué ensuite par l'envahisseur à tant d'autres de nos cités et de nos villages. C'est pourquoi nous avons tenu à déterminer ce qu'il y a de fondé dans la version allemande, d'après laquelle la population civile de Visé aurait coopéré à la défense de la ville ou se serait révoltée après son occupation.

Plusieurs témoins actuellement à Anvers, ont été entendus, notamment des militaires appartenant au détachement qui disputa aux Allemands les passages de la Meuse au nord de Liége, et une religieuse de nationalité allemande des sœurs de Notre-Dame, à Visé.

Il a pu être établi que les habitants n'ont aucunement participé aux combats qui se sont livrés, le 4 août, au gué de Lixhe et à Visé même.

Ce n'est d'ailleurs que dans la nuit du 15 au 16 que commença la destruction de la ville, dont quelques coups de feu, dans la soirée du 15, donnèrent le signal. Les Allemands prétendirent que les habitants avaient tiré sur eux, spécialement d'une maison dont la propriétaire a été entendue par la commission.

Les Allemands ne trouvèrent aucune arme dans cette maison, pas plus que dans les immeubles voisins, qui furent néanmoins incendiés, après avoir été pillés, et dont les habitants mâles furent transportés en Allemagne.

Les témoins ont fait ressortir l'invraisemblance d'une sédition éclatant parmi une population désarmée, contre une nombreuse garnison allemande, alors que depuis onze jours les dernières troupes belges avaient évacué le pays, et ils ont affirmé que les premiers coups de feu avaient été tirés par des fantassins allemands en état d'ivresse, visant leurs propres officiers. Ce fait ne constituerait pas une exception; en effet, il est notoire à Maestricht que, soit méprise, soit à la suite d'une rébellion, les Allemands, vers la même époque, se sont entre-tués, pendant la nuit, au camp de cavalerie qu'ils avaient établi à Mesch, à proximité de la frontière hollandaise du Limbourg.

Il se confirme que la ville de Visé a été entièrement livrée aux flammes, à l'exception, semble-t-il, d'un établissement religieux qui aurait été respecté, et que plusieurs citoyens, tant de la ville que du village de Canne, ont été fusillés.

Un grand nombre de localités situées dans le triangle compris entre Vilvorde, Malines et Louvain, c'est-à-dire dans une des régions les plus peuplées, et il y a quelques jours encore les plus prospères de la Belgique, ont été livrées au pillage, partiellement ou totalement incendiées, leur population dispersée, tandis qu'au hasard des rencontres des habitants étaient arrêtés et fusillés sans jugement, sans motif apparent, dans le seul but, semble-t-il, d'inspirer la terreur et de provoquer l'exode de la population.

Il en fut ainsi notamment des communes ou hameaux de Sempst, Weerde, Elewyt, Hofstade, Wespelaer, Wilsele, Bucken, Eppeghem, Wackerzeele, Rotselaer, Werchter, Thildonck, Bortmicerbeek, Houthem, Tremeloo. De ce dernier village, seuls l'église et le presbytère restent debout; ailleurs, sur les rares maisons épargnées, on relève les inscriptions suivantes : *Nicht abbrennen* (n'incendiez pas), *Bitte schonen* (épargnez, s. v. p.), *Gute Leute nicht plundren* (bonnes gens, ne pillez pas) : ces maisons ont cependant été saccagées après coup.

Dans tous ces villages, les femmes qui n'ont pu fuir sont en butte aux instincts brutaux du soldat allemand.

Nous devons encore signaler que, les 4 et 5 septembre courant, des bombes ont été lancées du haut d'un aéroplane sur Gand et sur Eecloo, villes ouvertes et non défendues.

Les vrais mobiles des atrocités dont nous avons recueilli les émouvants témoignages ne peuvent être que, d'une part, le désir de terroriser et de démoraliser les populations, conformément aux théories inhumaines des écrivains militaires allemands; d'autre part, le désir du pillage. Un coup de fusil tiré on ne sait où, ni par qui, ni contre qui, par un soldat ivre ou un factionnaire énervé, suffit pour fournir un prétexte au sac de toute une cité.

Nous n'utilisons, au cours de cette enquête, que des faits appuyés sur des témoignages probants. Il est à noter que, jusqu'ici, nous n'avons pu signaler qu'une faible partie des crimes contre le droit, l'humanité et la civilisation, qui formeront une des pages les plus sinistres et les plus révoltantes de l'histoire contemporaine.

*Le président*,
COOREMAN.

*Les secrétaires*,
Chev. ERNST DE BRUNSWYCK.
ORTS.

La destruction de Louvain par l'incendie et le massacre de nombreux habitants commencèrent dans la nuit du 15 au 16 août 1914.

Anvers, le 17 septembre 1914.

*A M. Carton de Wiart, ministre de la Justice.*

Monsieur le Ministre,

Dès l'évacuation de la ville d'Aerschot par les troupes allemandes, la commission d'enquête a délégué un de ses membres, M. Orts, conseiller de légation de S. M. le roi des Belges, pour constater personnellement l'état dans lequel se trouvait la ville.

M. Orst nous a fait le rapport ci-après :

« Suivant le désir de la commission d'enquête, je me suis rendu, le 11 septembre courant, à Aerschot.

« Lorsque, venant de Lierre, on approche du pont sur la dérivation du Démer, la route est bordée des deux côtés de maisons de petits cultivateurs et de maraîchers. Toutes ces habitations, sans exception, sont incendiées. Les annexes : étables, bergeries, forges, poulaillers, rien n'a été épargné, et il est visible que l'œuvre de destruction a été activée par l'emploi de matières incendiaires, attendu que le feu s'est propagé au ras du sol, détruisant les cultures, les jardins, les haies et les arbres fruitiers dans un rayon de vingt à trente mètres des bâtiments.

« La route de Lierre tourne aussitôt à droite et l'on pénètre dans la ville par une rue sinueuse qui conduit à la place du Marché. Sur toute la longueur de cette voie, soit une distance d'environ 600 mètres, toutes les maisons ont été incendiées.

« Tandis que nous remontions cette rue dans les rangs d'une colonne d'infanterie, des pans de murs, des pignons s'écroulaient à tout instant sous l'action du vent assez vif qui régnait hier, produisant à chaque fois un bruit sourd, tandis que s'élevait un nuage de poussière. L'enchevêtrement des fils téléphoniques détendus, mille débris jonchant le pavé, les vitres brisées crissant sous les semelles, complétaient l'impression de dévastation.

## Un spectacle lamentable.

« L'église présente un aspect lamentable. Ses trois portes, ainsi que celle de la sacristie, ont été plus ou moins consumées. La porte donnant sur la grande nef et la porte latérale de droite, toutes deux en chêne massif, paraissent avoir été enfoncées à coups de bélier, après que la flamme les eut entamées. A l'intérieur, les autels, les confessionnaux, les harmoniums, les porte-cierges sont brisés, les troncs sont fracturés, les statues gothiques en bois qui ornaient les colonnes de la grande nef ont été arrachées, d'autres ont été partiellement détruites par le feu. Partout régnait le plus grand désordre. Le sol était jonché de foin sur lequel ont couché, pendant de longs jours, les habitants qui, comme on le sait, ont été incarcérés en grand nombre dans l'église.

L'église d'Aerschot présente un aspect lamentable. Ses portes ont été enfoncées et brûlées. L'intérieur a été complètement saccagé. Le sol était jonché de foin sur lequel ont couché les habitants qui, pendant de longs jours, y ont été incarcérés

« Dans le reste de la ville, que nous avons rapidement parcouru, se découvrent encore, çà et là, des maisons incendiées. Elles apparaissent en plus grand nombre le long de la chaussée de Louvain où, de distance en distance se remarquent les débris calcinés d'un groupe de deux, trois, parfois cinq habitations contiguës. En suivant la chaussée, j'ai remarqué sur une distance de plusieurs kilomètres vers Gelrode, les ruines de maisons de paysans et de villas bourgeoises isolées au pied du coteau.

« C'est là, à la sortie de la ville, dans un champ, à 100 mètres à gauche de la route, que les Allemands ont fusillé le bourgmestre Tielemans, son fils, son frère et tout un groupe de leurs concitoyens.

« Après quelques recherches, j'ai trouvé au pied d'un talus la place où sont tombées ces victimes innocentes de la fureur des Allemands. Des caillots de sang noirci marquaient encore dans les chaumes l'emplacement occupé par chacune d'elles sous le feu du peloton d'exécution. Ces traces sont distantes de deux en deux mètres, ce qui confirme les dires des témoins d'après lesquels, au dernier moment, les exécuteurs firent sortir du rang deux hommes sur trois, le sort, à défaut de tout semblant d'enquête, désignant ainsi ceux qui devaient mourir.

« A quelques pas de là, la terre fraîchement remuée et une humble croix de bois dressée furtivement par des mains amies marquent l'endroit où reposent les cadavres de 27 victimes. La fosse, partiellement comblée, semblait attendre de nouvelles proies.

« Nombreux ont été à Aerschot, comme ailleurs, les attentats contre les femmes et les jeunes filles.

« La description des quartiers incendiés ne donne qu'une faible impression de la dévastation accomplie dans cette malheureuse cité, car si Aerschot a été partiellement détruite par le feu, *j'ai pu constater qu'elle a été entièrement mise à sac.*

« J'ai pénétré dans plusieurs maisons choisies au hasard, dont j'ai parcouru les divers étages; par les vantaux et les portes défoncés, j'ai plongé le regard dans un grand nombre d'autres habitations. Partout le mobilier est bouleversé, éventré, souillé d'une façon ignoble.

## Une maison " épargnée " !

« Dans les maisons bourgeoises, les tableaux ont été lacérés, les œuvres d'art brisées. Sur la porte de l'une d'elles, un vaste immeuble de bonne apparence, appartenant au docteur ..., se lisait encore, quoique à demi effacée, l'inscription suivante écrite à la craie : *Bitte dieses Haus zu schonen da wirklich friedlichegute Leute... (S) Bannach, Wachtmeister.* (Prière d'épargner cette maison car ses habitants sont réellement de braves gens pacifiques... *(S)* Bannach, maréchal des logis chef.) Je pénétrai dans cet immeuble, que l'on me disait avoir été habité par des officiers et que la sollicitude de l'un d'eux paraissait avoir sauvé de la dévastation générale. Dès le seuil, une odeur fade de vin répandu attirait l'attention sur des centaines de bouteilles vides ou brisées qui encombraient le vestibule, l'escalier et jusqu'à la cour donnant sur le jardin. Dans les appartements régnait un désordre inexprimable; je marchais sur un lit de vêtements déchirés, de flocons de laine échappés de matelas éventrés; partout des meubles béants et dans toutes les chambres, à portée du lit, encore des bouteilles vides. La salle à manger en était encombrée, des douzaines de verres à vin couvraient la table et les guéridons, qu'entouraient les fauteuils et les canapés lacérés, tandis que dans un coin, un piano, au clavier maculé, paraissait avoir été défoncé à coups de botte. Tout indiquait que ces lieux avaient été, pendant bien des jours et des nuits, le théâtre de beuveries et de débauches ignobles.

« Je crois pouvoir affirmer, dès à présent, que la ruine totale qui atteint cette population paisible et laborieuse est due à un pillage organisé bien plus qu'à l'incendie qui épargna, d'ailleurs, certains quartiers.

12 septembre 1914.

« ORTS,
« Conseiller de légation,
« Secrétaire de la commission d'enquête. »

Anvers, le 25 septembre 1914.

*A M. Carton de Wiart, ministre de la Justice.*

Monsieur le Ministre,

Un de nos secrétaires, M. Orts, a pu constater personnellement, dès l'expulsion des troupes allemandes, les ravages commis dans la ville d'Aerschot. Le rapport qu'il nous a fait vous a été transmis le 17 septembre.

Il vous aura édifié, monsieur le ministre, sur les excès commis par les troupes allemandes.

Les assassinats, les pillages, les viols, les attentats contre les personnes et les propriétés n'ont cessé qu'au moment de l'entrée des forces belges dans Aerschot.

Il y a pis : le landsturm n'a pas même respecté, dans les églises et les établissements religieux, les tabernacles qui, jusque-là, étaient demeurés intacts, par exemple, au collège Saint-Joseph, et dans la chapelle de l'institut des Picpus.

Un soldat belge, volontaire de carrière au 6e régiment de ligne, nous a exposé le traitement odieux auquel ont été soumis de nombreux prisonniers et blessés belges à Aerschot. Blessé au bras gauche, il avait été fait prisonnier par les Allemands, le 18 août, au matin. Il fut conduit avec vingt-sept autres prisonniers sur la chaussée qui longe le Démer. Deux compagnies allemandes s'y trouvaient. Les prisonniers furent chassés devant elles et fusillés.

Des vingt-huit prisonniers, lui et un autre purent seuls s'échapper. Le témoin est actuellement en traitement dans une ambulance d'Anvers.

Vous connaissez, monsieur le ministre, le prétexte invoqué par les Allemands pour expliquer leurs attentats. Ils veulent y voir des représailles destinées à venger le meurtre d'un de leurs généraux qui aurait été tué à Aerschot par le fils du bourgmestre.

Notre rapport du 28 août a démontré l'invraisemblance de cette version.

## A Aerschot.

Les témoignages concordants des habitants d'Aerschot, entendus par nous, établissent que le coup de feu qui a atteint cet officier supérieur a été tiré par les troupes allemandes qui tiraillaient dans la ville.

Il résulte de nombreux témoignages que dans bien des localités rurales des environs d'Aerschot, de Diest, de Malines et de Louvain, le désastre est plus grand encore qu'à Aerschot. Des villages entiers ont été anéantis. La population, réfugiée dans les bois, manque d'abri et de pain. Dans les fossés gisent, le long des routes, sans sépulture, de malheureux paysans, des femmes, des enfants tués par les Allemands.

Dans les puits, des cadavres ont été jetés et contaminent les eaux.

Des blessés de tout âge et de tout sexe ont été abandonnés sans soins.

Des habitants mâles, en grand nombre, ont été réquisitionnés dans toute la région; la plupart ont été employés à creuser des tranchées, à effectuer des travaux de défense contre nos troupes, au mépris des lois de la guerre. Pendant les engagements, d'autres ont été fréquemment obligés à marcher devant le front des troupes allemandes. Un grand nombre ne sont pas revenus.

Ce n'est que lorsque l'occupation allemande aura pris fin que l'on pourra dresser, commune par commune, ville par ville, le funèbre bilan des atrocités allemandes.

Dès à présent, à raison des dernières opérations militaires, nous pouvons préciser les faits qui ont amené le sac de Louvain et en déterminer l'étendue, nous réservant cependant de revenir encore sur ce pénible sujet, quand nous aurons éclairci certains incidents relatifs au rôle des autorités allemandes.

Avant l'entrée des armées allemandes, M. le bourgmestre Colins avait fait placarder sur les murs de Louvain une affiche pour exhorter la population au calme. La population était terrorisée. De nombreux habitants avaient quitté la ville. Ceux qui avaient eu le courage de rester étaient décidés à suivre les conseils de M. le bourgmestre et à accueillir les armées ennemies avec calme et dignité.

Les parlementaires allemands pénétrèrent dans la ville le mercredi 19 août, vers 2 heures de l'après-midi. Ils s'étaient fait précéder par M. le doyen de Louvain : les rues étaient désertes.

## Une entrée triomphale.

Dès leur arrivée, les Allemands firent dans une forme grossière et brutale d'énormes réquisitions de vivres évaluées à plus de 100.000 francs. Des troupes très nombreuses firent une entrée triomphale vers deux heures et demie. Les chants de triomphe et les musiques redoublaient d'entrain lorsque les troupes croisaient des soldats belges blessés et mourants amenés de Bautersem et des localités où des combats avaient eu lieu.

Les soldats allemands s'installèrent de préférence chez les habitants, alors que des casernes et des établissements publics mis à leur disposition demeuraient inoccupés. Ils pénétrèrent de force dans les maisons abandonnées, brisant les portes à coups de hache et, dès ce moment, en saccagèrent quelques-unes.

Les jours suivants, de nouvelles réquisitions furent faites. Mgr Ladeuze, recteur de l'Université; M. de Bruyn, vice-président du tribunal; M. le notaire Van den Ende, conseiller provincial, et diverses autres personnalités furent pris comme otages.

Pendant toute cette période, la soldatesque allemande avait déjà commis de nombreux attentats contre des femmes et des jeunes filles, tant dans la ville de Louvain que dans les environs.

Comme nous l'avons déjà constaté dans notre rapport du 31 août, les troupes allemandes masquant Anvers furent refoulées, le 28 août, par l'armée belge jusqu'à Louvain. Des témoignages précis sont venus confirmer nos conclusions. Nous croyons pouvoir considérer comme établi qu'un échange de coups de feu se produisit sur plusieurs points de la ville entre les troupes allemandes revenant en désordre de Malines, la petite garnison allemande restée à Louvain et des troupes allemandes arrivées dans l'après-midi de la direction de Liége.

Un religieux nous affirme avoir assisté à un combat qui s'est livré rue des Joyeuses-Entrées, entre des troupes allemandes, et avoir compté dans cette seule rue, au moment où le feu cessa, près de soixante cadavres de soldats allemands. Aucun cadavre de civil ne se trouvait dans la rue.

## Fusillade et incendie.

Dès ce moment, une vive fusillade éclata simultanément sur différents points de la ville, notamment à la porte de Bruxelles, à la porte de Tirlemont, rue Léopold, rue Marie-Thérèse, rue des Joyeuses-Entrées. Les soldats allemands tiraient dans tous les sens parmi les rues désertes. Ce fut une vraie panique où les officiers avaient perdu le contrôle de leurs hommes.

Peu de temps après, les incendies éclataient de toute part, notamment aux Halles universitaires qui contenaient la bibliothèque et les archives de l'Université, à l'église de Saint-Pierre, à la place du Peuple, rue de la Station, boulevard de Tirlemont, chaussée de Tirlemont.

Sur l'ordre de leurs chefs, les soldats allemands enfonçaient les portes des maisons et y mettaient le feu au moyen de fusées. Ils tiraient sur les habitants qui tentaient de sortir de leurs demeures. De nombreuses personnes réfugiées dans leurs caves furent brûlées vives. D'autres, atteintes par des coups de feu au moment où elles voulaient sortir du brasier.

Les femmes et les enfants demeurèrent sans nourriture sur la place de la Station, pendant toute la journée du 26 août. Ils assistèrent à l'exécution d'une vingtaine de leurs concitoyens, parmi lesquels se trouvaient plusieurs prêtres et religieux qui, liés quatre par quatre, furent fusillés à l'extrémité de la place, sur le trottoir qui longe la propriété de M. Hamaide.

Le jeudi 27 août, à huit heures, ordre fut donné à tous les habitants de quitter Louvain, la ville devant être bombardée.

Vieillards, femmes, enfants, malades, aliénés colloqués, religieux, religieuses, furent chassés brutalement sur toutes les routes comme un troupeau.

L'expulsion des habitants semble avoir eu pour mobile de faciliter le pillage. Les soldats étaient si pressés de voler que plusieurs témoins affirment avoir vu commencer le pillage de leurs habitations au moment même où ils devaient les quitter.

## Huit jours de pillage.

Le pillage, commencé le jeudi 27 août, dura huit jours. Par bandes de six ou huit, les soldats enfonçaient les portes ou brisaient les fenêtres, pénétraient dans les caves, se grisaient de vin, saccageaient les meubles, éventraient les coffres-forts, volaient l'argent, les tableaux, les œuvres d'art, l'argenterie, le linge, les vêtements, le vin, les provisions.

Les carnets de campagne trouvés sur les soldats allemands faits prisonniers à Aerschot contiennent des aveux irrécusables.

L'incendie et le pillage ne cessèrent que le mercredi 2 septembre. Ce jour-là encore, quatre incendies furent allumés par des soldats allemands, un rue Léopold et trois rue Marie-Thérèse.

Sans compter les Halles universitaires et le Palais de Justice, 894 maisons ont été incendiées sur le territoire de la ville de Louvain, 500 environ sur celui du faubourg de Kessel-Loo. Le faubourg de Herent, la commune de Corbeck-Loo ont été presque entièrement détruits.

Pour justifier les atrocités qu'ils ont commises, les Allemands prétendent que des civils ont tiré sur leurs troupes. Nos rapports précédents ont déjà rencontré cette allégation mensongère.

La vérité est que partout le meurtre de citoyens paisibles, le pillage, le vol semblent avoir été méthodiquement organisés.

Le pillage, l'incendie se font sur l'ordre de l'autorité supérieure. Une partie du butin, la plus importante, semble-t-il, est expédiée en Allemagne.

Il n'est dans les ravages dont la Belgique a été l'objet, qu'un seul motif : le désir de terroriser les populations, la volonté de se venger d'une résistance à laquelle l'empire allemand ne pouvait s'attendre.

*Le président,*
COOREMAN.

*Les secrétaires,*
CHER ERNST DE BRUNSWYCK,
ORTS.

Dans leur guerre sous-marine les Allemands torpillaient sans avertissement les plus beaux paquebots de commerce. Le torpillage, en 1916, du *Lusitania*, battant pavillon américain, fit plus de 1.000 victimes.

## Huitième rapport officiel.

La commission d'enquête belge sur les atrocités allemandes vient d'adresser à M. Carton de Wiart, ministre de la Justice, son huitième rapport qui constitue un aperçu d'ensemble sur les crimes commis dans le Luxembourg belge au cours des mois d'août et septembre 1914.

Voici les passages essentiels de ce document :

*Prises d'otages.* — Les Allemands ont systématiquement pris des otages. Le traitement de ceux-ci a beaucoup varié. Dans certaines localités, ils n'ont pas été sérieusement maltraités; dans d'autres, ils ont subi des traitements indignes. C'est ainsi qu'à Marche, les trois principaux fonctionnaires de la localité ont, à tour de rôle et pendant des semaines, été retenus prisonniers dans une cellule de la prison où sont enfermés les malfaiteurs de droit commun. Ailleurs, les otages, pris dans un village, ont été transportés dans d'autres localités de la province et y ont été emprisonnés pendant des semaines. Enfin certains otages ont été emmenés en Allemagne et y sont encore détenus à l'heure actuelle. En général, depuis leur détention en Allemagne, ils n'ont pas été maltraités, mais quelques-uns d'entre eux ont, pendant la durée du voyage, été soumis à de mauvais traitements. Ils ont été privés de nourriture, de repos, et ont été l'objet de sévices de la part des soldats et de la population.

*Pillage.* — Dans presque toutes les localités citées ci-après et dans d'autres encore où les excès présentèrent un caractère de moindre gravité, le pillage a été systématique et complet. Les soldats ne se sont point contentés de s'emparer, sans aucun bon de réquisition, des vivres, du bétail, des chevaux, dont ils avaient besoin. Ils ont enlevé de force des habitations tout ce qui pouvait leur convenir. Le nombre des bouteilles de vin volées dépasse tout calcul. Le premier soin des soldats, en arrivant dans une localité importante, était d'obtenir du vin et de l'alcool. Bientôt ils étaient ivres et les scènes de sauvagerie, les incendies et les fusillades se produisaient immédiatement.

Dans les fermes, les soldats tuaient à coups de sabre et de fusil les oiseaux de basse-cour et les porcs. Ils tiraient au hasard et ils ont ainsi tué ou blessé sans intention un certain nombre d'habitants. A Libin, un soldat, tirant sur une poule, perça d'une balle les deux cuisses d'un enfant de quelques mois.

A Arlon, le pillage de quelques maisons a été exécuté par ordre des autorités militaires. Le onzième jour de l'occupation, un fil téléphonique ayant été brisé, les autorités militaires donnèrent à la ville quatre heures pour payer une contribution de guerre de 100.000 francs en or, ajoutant qu'à défaut de ce paiement, cent maisons seraient pillées. Le paiement put finalement être effectué, mais 47 maisons avaient déjà été mises à sac par ordre des officiers.

*Incendies.* — Le nord du Luxembourg a généralement été respecté. Par contre, deux régions du sud de la province ont été complètement dévastées. La première de ces régions comprend les villages de Porcheresse, Maissin-Anloy, Villance, Framont, Orchamp, Jehonville, Offagne, Assenois, etc. L'autre comprend toutes les communes du triangle compris dans une ligne tirée de Florenville à Virton, de Virton à Habay-la-Neuve et de Habay-la-Neuve à Florenville.

Une statistique approximative des maisons brûlées dans ces différentes localités a été dressée :

Neufchâteau, 21 maisons brûlées; Etalle, 30 maisons brûlées; Houdemont, 64 maisons brûlées; Rulles, la moitié des maisons a été détruite par le feu; Ansart, le village est complètement brûlé; Tintigny, 3 maisons seulement subsistent; Jamoigne, destruction de la moitié du village; les Bulles, destruction de la moitié du village; Moyen, 42 maisons détruites; Rossignol, le village est entièrement brûlé; Mussy-la-Ville, 20 maisons détruites; Bertrix, 15 maisons détruites; Bleid, une grande partie du village est brûlée; Signeulx, une grande partie du village est brûlée; Bellefontaine, 6 maisons détruites; Musson, la moitié du village est détruite; Baranzy, il reste 4 maisons; Saint-Léger, 6 maisons brûlées; Maissin, 64 maisons ont été brûlées sur 100; Villance, 9 maisons brûlées; Anloy, 26 maisons ont été brûlées.

Ces chiffres sont des chiffres minimum. D'après une statistique forcément incomplète, le nombre des maisons brûlées dans la province du Luxembourg dépasse 3.000. Il est à noter que les maisons dont la destruction est ainsi rapportée ont été brûlées, non par des opérations de guerre, mais par des incendies volontaires et systématiques.

Après avoir ainsi donné un aperçu des attentats contre les biens, le rapport dénonce les crimes contre les personnes. La liste en est forcément incomplète, le pays étant encore occupé par les Allemands.

*Fusillades.* — Dans un grand nombre de villages, les troupes allemandes se sont livrées à de véritables exécutions en masse. Le nombre des habitants fusillés pour l'ensemble de la province dépasse un millier. Les chiffres suivants sont relatifs à certains villages seulement :

Neufchâteau, 18 fusillés; Vance, 1 fusillé; Etalle, 30 fusillés; Houdemont, 11 fusillés; Tintigny, 157 fusillés; Izel, 10 fusillés; Rossignol, 106 fusillés; Bertrix, 21 fusillés; Ethe, 300 fusillés, environ 530 personnes ont disparu; Bellefontaine, 1 fusillé; Latour, 17 hommes survivent; Saint-Léger, 11 fusillés; Maissin, 10 hommes, une femme et une jeune fille fusillés, 2 hommes et 2 jeunes filles blessés; Villance, 2 hommes fusillés, une jeune fille blessée; Anloy, 52 hommes et femmes fusillés; Claireuse, 2 hommes tués, 2 pendus.

A Arlon furent fusillés publiquement 111 personnes des communes d'Ethe et de Rossignole. Quelques jours plus tard furent exécutées 8 personnes de communes voisines. Un officier de police d'Arlon, appelé Lempereur, fut fusillé sans jugement pour un motif futile qui fut par la suite reconnu non fondé.

Commence ses études au lycée de Bar-le-Duc, et les termine au lycée Louis-le-Grand.

Passe sa licence ès lettres et son doctorat en droit.

Avocat à la Cour d'Appel de Paris.

Député de la Meuse, 1887-1903.

Sénateur de la Meuse, 1903-1913.

Ministre de l'Instruction Publique, 1893.

Ministre des Finances, 1894-1906.

Membre de l'Académie Française, en 1909.

Président du Conseil des ministres et ministre des Affaires étrangères, 1912 au 17 janvier 1913.

M. RAYMOND POINCARÉ
*Président de la République Française.*
Né à Bar-le-Duc (Meuse), le 20 août 1860.
*Élu par l'Assemblée Nationale, à Versailles, le 17 janvier 1913.*
Reproduction d'une photographie signée, adressée par M. le Président à l'auteur le 5 février 1917.

# APRÈS DEUX ANS DE GUERRE

## Discours prononcé par M. le Président de la République à la cérémonie de la revue des troupes, le 14 Juillet 1916, à Paris.

Le gouvernement de la République a pensé qu'à cette date où la France avait coutume de célébrer tous les ans, dans les joies de la paix, l'origine de ses libertés politiques, elle voudrait encore, malgré la tristesse de la guerre, respecter une tradition qui donne une forme sensible à la conscience nationale et à l'unité de la patrie.

Rien, sans doute, ne pouvait mieux répondre aux sentiments du pays qu'un simple hommage pieusement rendu, dans la sévérité d'une cérémonie militaire, aux soldats qui sont morts à l'ennemi et aux familles qui portent le deuil de ces braves avec une si noble résignation.

Tous ont rivalisé de courage, d'ardeur et d'abnégation ; tous sont dignes de vivre éternellement dans la mémoire de leurs concitoyens. Ils ont versé leur sang pour une cause sublime, le salut de la patrie et l'avenir de l'humanité, et s'ils sont morts avant d'avoir connu la victoire finale, ils ont eu, du moins, la consolation de l'avoir pressentie et préparée.

Vous, à qui cette guerre formidable, enfantée

par l'exécrable folie de l'impérialisme austro-allemand, a infligé des pertes douloureuses, laissez-moi déposer à vos pieds le tribut de la sympathie publique. Vous aussi, vous avez, à l'égard de vos morts, des droits imprescriptibles à la gratitude du pays; vous aussi, vous avez contribué à hausser la France dans l'estime universelle.

Vous avez, par votre exemple, rappelé au monde ce que vaut la France, quelles sont ses ressources d'action et ses richesses de cœur.

A vous surtout, mesdames, j'adresse les remerciements émus et respectueux du pays. Vous avez montré ce qu'il y a, chez la femme française, de flamme intérieure et d'élévation morale; vous avez prouvé une fois de plus qu'elle demeure à jamais la sûre gardienne de nos traditions et l'inspiratrice des grandes vertus populaires.

C'est parce que les Français se sont révélés patients et opiniâtres, qu'ils ont dès maintenant déjoué les plans des puissances de proie. Surprise par une attaque brutale, la France s'est rapidement ressaisie. Sur la Marne et sur l'Yser, elle a victorieusement arrêté et refoulé le flot de l'invasion. Avec l'aide de ses alliés, elle a emprisonné l'ennemi dans un cercle de fer, d'eau et de feu, qu'il a vainement essayé de percer ou d'élargir et qui commence à se resserrer sur lui. Pendant qu'il se débattait contre notre étreinte, nous nous sommes organisés pour fournir sans cesse aux combattants des canons et des obus; le gouvernement, les Chambres, les commissions ont stimulé les fabrications nécessaires; les ateliers se sont remplis d'ouvriers et d'ouvrières; les fours se sont allumés; des usines neuves se sont construites; les machines multipliées se sont mises en mouvement; la production s'est accrue : jamais trop, jamais assez ! Mais le pays a compris et le branle est donné.

De leur côté, nos alliés ont employé les mois qui passaient à former des armées, à les équiper, à les pourvoir d'artillerie et de munitions. La Russie, secondée par les puissances de l'Entente, s'est efforcée de donner à ses troupes magnifiques le matériel qui leur avait manqué dans les terribles rencontres de l'an dernier; l'Italie a développé ses moyens de défense; l'Angleterre a réalisé le prodige de faire sortir de terre des divisions nouvelles, splendides de jeunesse et d'entrain.

Les effets de la persévérance française n'ont pas été moins décisifs dans la coordination des efforts militaires. C'est parce que nous avons opposé une résistance invincible, non seulement au choc des armées allemandes, mais aux propagandes suspectes et aux campagnes de démoralisation, que les états-majors ont pu établir entre eux des accords de plus en plus précis, que les gouvernements se sont plus étroitement rapprochés et que l'action commune a pris, avec le temps, sous d'heureuses impulsions, plus de force et d'efficacité.

Les empires du Centre ne sauraient garder aucune illusion sur la possibilité de réduire les Alliés à merci et d'arracher à leur lassitude une paix qui ne serait, pour le militarisme prussien, qu'un stratagème destiné à masquer les préparatifs d'une nouvelle agression. Vainement nos ennemis se penchent-ils sur cette carte militaire, qu'ils invoquaient naguère avec une orgueilleuse satisfaction; ils s'aperçoivent maintenant, avec inquiétude, que sur la Somme comme sur le Styr, au pied des Carpathes comme au sommet des Alpes, les lignes de cette carte changeante se sont déjà sensiblement déplacées; et ils savent bien, d'ailleurs, qu'il faut, pour la compléter, y joindre la carte des mers qui leur sont fermées et des colonies qui leur sont prises; et ils savent bien aussi que la force des nations belligérantes se calcule moins d'après la position géographique des tranchées de campagne que d'après l'état des troupes combattantes et des réserves, leur capacité de résistance et d'offensive, la température morale des peuples et des armées.

Nous ne faiblirons pas, quant à nous, alors même que nous lutterions pour l'honneur seul; mais nous luttons pour l'honneur et pour la vie. Etre ou ne pas être, voilà le poignant problème qui s'impose à la conscience des grandes nations européennes; et, pour une libre démocratie comme la nôtre, ce serait ne plus être que de végéter péniblement dans l'ombre étouffante et malsaine d'un empire germanique assez fort pour étendre sur l'Europe entière sa lourde hégémonie.

Non !. Par le deuil des familles françaises, par le long supplice de nos régions occupées, par le sang de nos soldats, non ! nous ne laisserons pas nos souffrances amollir nos volontés. Plus nous avons horreur de la guerre, plus nous devons travailler passionnément à en empêcher le retour, plus nous devons souhaiter et vouloir que la paix nous apporte, avec la restitution totale de nos provinces envahies, — envahies hier ou envahies depuis quarante-six ans, — la réparation des droits violés aux dépens de la France ou de ses alliés et les garanties nécessaires à la sauvegarde définitive de notre indépendance nationale.

## Message de M. Poincaré à la nation anglaise.

LONDRES, 13 juillet 1916. — M. Cambon, ambassadeur de France, a communiqué à la presse le message suivant :

« Le Président de la République a appris avec un sentiment de profonde émotion que le 14 juillet, jour de la Fête nationale de la France, allait être célébré dans toute l'étendue de l'empire britannique.

« La nation française a suivi avec une admiration sans bornes les exploits de la glorieuse marine britannique et le merveilleux développement des puissantes ressources de l'empire.

« Maintenant que l'armée britannique, sans cesse grandissante, est en train de préparer, de concert avec les nôtres et avec celles de nos autres vaillants alliés, la voie au triomphe définitif sur terre, la France envoie au Royaume-Uni et à ses possessions d'outre-mer, ses affectueuses salutations de fraternité impérissable.

« C'est avec une grande satisfaction que le Président se rappelle la réception de l'émouvante adresse du lord-maire de Londres, contresignée par plus de 450 lords-maires, lords-prévôts, maires et prévôts, lors de la Fête nationale de France, l'année passée.

« A cette occasion, la Grande-Bretagne envoya à nos soldats blessés un splendide tribut d'argent.

« Ces soldats et la nation tout entière en ont été profondément touchés, ainsi que des nombreux autres exemples de dévouement et de services personnels, et aussi de la grande générosité dont a fait preuve la population de tous les points de l'empire britannique.

« A tous ceux qui ont contribué à cette grande œuvre de sympathie internationale, le Président adresse, du fond du cœur, ses remerciements. Il les adresse de façon toute spéciale aux travailleurs et associés du comité londonien de la Croix-Rouge française, grâce au dévouement et à l'habileté desquels ce témoignage de l'affection de la Grande-Bretagne a fait sentir, de façon si frappante, son action dans toutes les parties de la France. »

## LE DERNIER MOT DE LEUR KULTUR

*Mars 1917.*

Sous la pression des armées franco-anglaises, l'armée allemande bat en retraite depuis la région d'Arras jusqu'à Soissons, sur un front de 125 kilomètres. Avant leur départ des villes et villages qu'ils occupaient, les Vandales incendient les maisons, emportent ou brûlent les mobiliers, font sauter les monuments publics, artistiques, historiques et les églises, ainsi que les coffre-forts des banques après avoir volé leur contenu; empoisonnent les puits, profanent les sépultures; emmènent de force les jeunes filles de quinze à vingt-cinq ans, coupent les arbres fruitiers, détruisent les instruments agricoles. Tous ces crimes indignes d'un peuple civilisé, sont l'objet de la réprobation du monde entier. L'Allemagne se met une fois de plus au ban de l'humanité.

Voici du reste comment l'Allemand Kalkschmidt, correspondant au front de la *Gazette de Francfort*, raconte ces horreurs à son journal :

*Front français, 19 mars 1917.*

« Notre commandement a voulu créer une sorte de glacis en vue des futurs combats. Une large zone de dévastation a été créée qu'on pourrait appeler zone de la guerre, dans tout ce qu'elle a d'impitoyable.

« Des villages florissants jusqu'ici habités, des champs cultivés, des jardins potagers ne représentent plus qu'un amas de cendres fumantes. Partout j'ai vu les pionniers à l'œuvre qui mettaient la dernière main à l'ouvrage. Les magnifiques troncs des arbres qui bordent les routes françaises gisaient à terre, en partie sciés, pour être placés comme obstacles sur la route, au dernier moment.

« Les croisements des routes, les ponts, les canaux, les écluses étaient minés; les chambres de-mines étaient chargées.

« Cependant, dans le plus grand calme, circulaient sur les routes des colonnes de toutes sortes, des batteries lourdes, des fourgons de munitions, des camions automobiles et des voitures légères chargés de tout le matériel de guerre imaginable.

« L'ennemi ne trouvera pas un rouleau de fils de fer, par un brin de paille ni une botte de fourrage, pas une aiguille de chemin de fer, pas une bêche, pas une fourche, pas une source. Il ne trouvera non plus ni canons, ni cartouches, ni fusils. Les mâts bétonnés des conduites de transport d'énergie électrique sont abattus; les câbles pour la lumière électrique, pour le télégraphe, pour le téléphone, ont été emportés. Les champs au bord de la route ont été retournés et labourés afin que si l'artillerie, trouvant les routes détruites, espère se frayer un passage des deux côtés de la chaussée, elle soit contrainte de procéder à des réfections très difficiles.

« Sans doute, les personnes en état de travailler, âgées de quinze à soixante ans, ont été évacuées; mais les femmes, les enfants et les vieillards ont été laissés dans des localités importantes.

« Péronne et Bapaume ont été entièrement détruits. D'ailleurs, il n'en restait plus grand'chose. La destruction a eu pour but d'empêcher l'ennemi d'y trouver le moindre abri. »

### Protestation officielle du gouvernement français.

A la suite de ces actes de barbarie le gouvernement français a chargé ses représentants dans les pays neutres de porter à la connaissance des ministres des Affaires étrangères la protestation dont le texte suit :

*Le gouvernement de la République réunit, en ce moment, les éléments d'une protestation qu'il compte adresser aux gouvernements neutres contre les actes de barbarie et de dévastation commis par les Allemands dans les territoires français qu'ils évacuent en se repliant.*

*Dès à présent, je vous prie de faire savoir au gouvernement auprès duquel vous êtes accrédité que nous entendons dénoncer à l'opinion universelle les actes inqualifiables auxquels se sont livrés les autorités allemandes. Aucun motif se réclamant des nécessités militaires ne peut justifier une dévastation systématique portant sur les monuments publics, artistiques et historiques, comme sur les biens privés, et accompagnée de violences contre les personnes. Des villes et des villages entiers ont été pillés, incendiés et détruits; les maisons particulières dépouillées de tout mobilier que l'ennemi a emporté, les arbres fruitiers arrachés ou rendus inaptes à toute production future, les sources et les puits empoisonnés. Les habitants relativement peu nombreux qui n'ont pas été évacués en arrière ont été laissés avec une ration de vivres minime, alors que l'ennemi s'est emparé des stocks provenant de la commission neutre de ravitaillement destinés à cette population civile.*

*Vous ferez remarquer qu'il s'agit là, non pas d'actes destinés à entraver les opérations de nos armées, mais de dévastations n'ayant aucun rapport avec cet objet et ayant pour but de ruiner, pour de longues années, une des régions les plus fertiles de la France.*

*Le monde civilisé ne peut que se révolter contre ces procédés d'une nation qui prétendait lui imposer sa culture, mais qui se révèle, une fois de plus, comme toute proche encore de la barbarie, et dont l'ambition déçue traduit la rage en foulant aux pieds les droits les plus sacrés de l'humanité.*

## Mémorandum des trente-deux déclarations de guerre du 28 juillet 1914 au 3 avril 1917.

La déclaration de guerre signifiée par les Etats-Unis d'Amérique à l'Allemagne porte à 32 le nombre des déclarations de guerre depuis le 28 juillet 1914. En voici la liste complète :

28 juillet 1914. — L'Autriche-Hongrie à la Serbie.
1er août — L'Allemagne à la Russie.
3 août. — L'Allemagne à la France.
3 août. — L'Allemagne à la Belgique.
4 août. — L'Angleterre à l'Allemagne.
5 août. — L'Autriche-Hongrie à la Russie.
5 août. — Le Monténégro à l'Autriche-Hongrie.
6 août. — La Serbie à l'Allemagne.
11 août. — Le Monténégro à l'Allemagne.
11 août. — La France à l'Autriche-Hongrie.
13 août. — L'Angleterre à l'Autriche-Hongrie.
23 août. — Le Japon à l'Allemagne.
25 août. — L'Autriche-Hongrie au Japon.
28 août. — L'Autriche-Hongrie à la Belgique.
2 novembre. — La Russie à la Turquie.
5 novembre. — La France à la Turquie.
5 novembre. — L'Angleterre à la Turquie.
7 novembre. — La Belgique à la Turquie.
7 novembre. — La Serbie à la Turquie.
21 novembre. — La république de Saint-Marin à l'Autriche.
25 mai 1915. — L'Italie à l'Autriche-Hongrie.
21 août. — L'Italie à la Turquie.
14 octobre. — La Bulgarie à la Serbie.
14 octobre. — La Serbie à la Bulgarie.
16 octobre. — L'Angleterre à la Bulgarie.
16 octobre. — La France à la Bulgarie.
19 octobre. — L'Italie à la Bulgarie.
20 octobre. — La Russie à la Bulgarie.
9 mars 1916. — L'Allemagne au Portugal.
27 août. — L'Italie à l'Allemagne.
27 août. — La Roumanie à l'Autriche-Hongrie.
20 septembre 1916. — La Révolution éclate en Grèce. M. Venizelos prend la tête du mouvement et recrute, avec le concours des plus hautes sommités militaires grecques, une armée de volontaires pour se joindre aux armées alliées de Salonique.
3 avril 1917. — Le président des Etats-Unis d'Amérique, M. Roodrow Wilson, déclare la guerre à l'Allemagne.

## Les dépenses occasionnées par la guerre européenne.

Au 30 juin 1917, les puissances belligérantes auront dépensé 400 milliards de francs. La France seule y contribue pour 83 milliards. L'Angleterre pour 94 milliards 800 millions. Nous, Français, avons dépensé mensuellement, pendant chacun des 5 derniers mois de 1914, 1 milliard 340 millions. En 1915, nous arrivons à 1 milliard 900 millions par mois; en 1916, à 2 milliards 697 millions; en 1917, nous arrivons à 3 milliards 191 millions, c'est-à-dire à plus de 100 millions par jour. Le budget français de 1917 atteindra 40 milliards de francs.

Les dépenses pour la guerre seule ont été de 5 milliards 860 millions en 1914, de 23 milliards 600 millions en 1916 et elles arrivent à 27 milliards en 1917. Les intérêts de la dette française coûtent à l'État 60 millions en 1915, 2 milliards 998 millions en 1916 et dépasseront 3 milliards en 1917.

A. M.

SCEAUX. IMP. CHARAIRE

www.ingramcontent.com/pod-product-compliance
Ingram Content Group UK Ltd.
Pitfield, Milton Keynes, MK11 3LW, UK
UKHW012246240726
13966UKWH00004B/1329